CURSO IQ TRADING
MODULO 2

"GANA CON SEGURIDAD: 10 ESTRATEGIAS MAESTRAS PARA MULTIPLICAR TUS GANANCIAS CON OPCIONES BINARIAS"

SIMPLES, SIN MARTINGALA Y ADAPTADAS PARA CUALQUIER MERCADO, INCLUYENDO EL OTC. DOMINA EL ARTE DEL TRADING Y CONVIERTE EN UN TRADER RENTABLE

Autor: Igor Quz

Igor Quz

TÍTULO: *GANA CON SEGURIDAD: 10 ESTRATEGIAS MAESTRAS PARA MULTIPLICAR TUS GANANCIAS CON OPCIONES BINARIAS SUBTÍTULO: SIMPLES, SIN MARTINGALA Y ADAPTADAS PARA CUALQUIER MERCADO, INCLUYENDO EL OTC. DOMINA EL ARTE DEL TRADIN Y CONVIERTE EN UN TRADER RENTABLE*

- 1ª ed. - Buenos Aires: el autor, 2024

ISBN: 9798332993565
Sello: Independently published

1. Negocios y finanzas. I. Éxito personal – Negocios desde casa

Copyright. Autor: Igor Quz, Trader en activo, autor de numerosas obras educativas sobre trading para la formación eficiente del Trader. Prohibida la copia, edición, modificación o extracción de texto de este documento.

Contacto: *edicionesiq@gmail.com* -

Fecha de catalogación: 10-07-2024

ADVERTENCIA DE RIESGO

Antes de sumergirnos en las estrategias que te ayudarán a multiplicar tus ganancias con opciones binarias, es esencial tener una comprensión clara de los riesgos inherentes al mundo del trading.

A pesar de que el potencial de beneficios es real, los riesgos asociados también lo son. Por favor, toma en cuenta las siguientes advertencias:

1. Ganancias y Pérdidas: El trading, por su misma naturaleza, conlleva tanto ganancias como pérdidas. Los movimientos del mercado pueden resultar impredecibles, y ningún sistema o estrategia puede garantizar resultados positivos en cada operación.

2. Responsabilidad Individual: Cada trader es responsable de sus propias decisiones de inversión y asume la responsabilidad total de los resultados obtenidos. Ni el autor ni este libro pueden ser responsables de las acciones individuales de los lectores.

3. Educación como Prioridad: Antes de lanzarte a operar con dinero real, es imperativo dedicar tiempo a la educación. Comprender los mercados financieros, las estrategias de trading y la gestión de riesgos es crucial para minimizar las posibilidades de pérdida.

4. Inversiones Riesgosas: Aunque las opciones binarias ofrecen oportunidades lucrativas, también representan inversiones riesgosas. Solo debes invertir fondos que estés dispuesto a perder y asegurarte de comprender plenamente los riesgos involucrados.

5. Volatilidad del Mercado: Los mercados financieros pueden experimentar cambios rápidos y drásticos. La volatilidad es una parte inherente del trading, y es esencial estar preparado para las fluctuaciones del mercado.

Recomendación para los Lectores:
Antes de realizar operaciones con dinero real, te instamos encarecidamente a utilizar una cuenta demo para practicar las estrategias contenidas en este libro. La práctica en un entorno simulado te permitirá familiarizarte con las estrategias, perfeccionar tus habilidades y evaluar su eficacia sin poner en riesgo tu capital. Esta fase de práctica es esencial para ganar confianza y prepararte adecuadamente para enfrentar los desafíos del trading con opciones binarias. Recuerda que la experiencia en una cuenta demo puede marcar la diferencia cuando finalmente te enfrentes al mercado real.

"El camino hacia el éxito en el trading está pavimentado tanto por el conocimiento como por la cautela. Entender los riesgos es tan crucial como identificar las oportunidades. Acepta cada pérdida como una lección, cada ganancia como una validación, y cada desafío como una oportunidad para crecer. En el arte del trading, la preparación es tu mayor aliada, y la disciplina, tu mejor estrategia."

AGRADECIMIENTOS

En el camino hacia la creación de este libro, quiero expresar mi profundo agradecimiento a aquellos que han contribuido de manera significativa y han sido pilares fundamentales en este proyecto.

A Mi Familia: Agradezco a mi familia por su apoyo inquebrantable y comprensión durante las largas horas de escritura y dedicación a este libro. Su aliento constante ha sido mi fuente de inspiración.

A Mis Amigos y Colegas: Un agradecimiento especial a mis amigos y colegas que han compartido sus conocimientos, experiencias y perspectivas valiosas. Su colaboración ha enriquecido enormemente este trabajo.

A Mis Lectores: A todos los lectores que confían en este libro como fuente de conocimiento y guía, les agradezco sinceramente. Su interés y compromiso son el motor que impulsa la creación de contenido significativo.

A Mis Mentores: La orientación y los consejos de mis mentores han sido invaluables. Agradezco a aquellos que han compartido su sabiduría y han guiado mi trayectoria en el mundo del trading.

A La Comunidad de Trading: Agradezco a la vibrante comunidad de trading que comparte su experiencia y conocimientos en este emocionante viaje. El intercambio de ideas y la colaboración han sido cruciales para el desarrollo de este libro.

A Ti, Querido Lector: Finalmente, mi más profundo agradecimiento a ti, estimado lector. Este libro cobra vida en tus manos, y espero que encuentres en él no solo conocimientos valiosos, sino también inspiración para tus propios logros en el mundo del trading.
Cada uno de ustedes ha desempeñado un papel esencial en la realización de este proyecto, y estoy agradecido por su apoyo continuo.

¡Gracias!

Igor Quz

INTRODUCCIÓN

En el fascinante universo de las opciones binarias, donde cada movimiento del mercado puede marcar la diferencia entre el éxito y el fracaso, la clave para obtener ganancias consistentes radica en estrategias maestras. **"Gana con Seguridad"** te llevará en un viaje para descubrir la esencia de las opciones binarias y la importancia crucial de estrategias de trading efectivas.

Capítulo 1: Explorando las Opciones Binarias
¿Qué son realmente las opciones binarias? Antes de adentrarnos en estrategias avanzadas, es vital comprender los fundamentos. Este capítulo te proporcionará la base necesaria para entender el dinámico mundo de las opciones binarias.

Capítulo 2: Estrategias de Trading: El Pilar del Éxito
Descubre por qué las estrategias de trading son fundamentales para alcanzar el éxito sostenible en el emocionante mundo de las opciones binarias. Desde la gestión del riesgo hasta la toma de decisiones informadas, desglosaremos la importancia de contar con un enfoque estratégico.

Capítulo 3: ¿Por qué usar Estrategias Simples, Sin Martingala y Adaptadas para Todos los Mercados?
Desentrañaremos las características esenciales de nuestras estrategias. Aquí, la simplicidad, evitar gestiones perdedoras como la martingala ilimitada y la adaptabilidad a diferentes tipos de mercados, incluido el OTC, se convertirán en tus aliados fundamentales para el éxito en las opciones binarias.

Capítulo 4: ¿Cómo Ganan las Estrategias que Ganan?
En este capítulo descubriremos los puntos clave necesarios para triunfar con cualquier estrategia de trading.

Capítulo 5: Puntos clave para operar las estrategias

En este capítulo, se exploran detalladamente los fundamentos esenciales para operar con éxito utilizando las estrategias presentadas en el libro. Desde la comprensión profunda de cada estrategia hasta la ejecución disciplinada de operaciones, pasando por la gestión prudente del capital y la necesidad de seleccionar activos que garanticen al menos un 87% de beneficios, este capítulo ofrece una guía completa y práctica. Basado en pruebas rigurosas que demuestran una efectividad del 55% al 63%, constituye un recurso invaluable para traders que buscan maximizar ganancias y minimizar riesgos en el mercado de opciones binarias.

Capítulos 6 a 15: 10 Estrategias para Ganar con Seguridad

En estos capítulos, descubrirás 10 estrategias sencillas y poderosas para ganar más de lo que pierdes y lograr la rentabilidad de manera definitiva. Estas estrategias se basan en la mayor probabilidad de movimientos de precios y no requieren un análisis exhaustivo, ya que dependen del uso de unos pocos indicadores.

Capítulo 16: El Arte del Trading Rentable

Convertirse en un trader rentable va más allá de las ganancias instantáneas. Este capítulo te sumergirá en el arte del trading, desde el análisis técnico hasta la gestión inteligente de tus inversiones, preparándote para convertirte en un maestro del mercado.

Únete a nosotros en **"Gana con Seguridad"**, donde desentrañaremos las estrategias maestras que te llevarán a multiplicar tus ganancias con confianza en el emocionante mundo de las opciones binarias.
¡Bienvenido a tu camino hacia el éxito financiero!

CONTENIDO

Tabla de contenido

ADVERTENCIA DE RIESGO 3

AGRADECIMIENTOS 5

INTRODUCCIÓN 7

CONTENIDO 9

    CAPITULO 1: EXPLORANDO LAS OPCIONES BINARIAS 16

  Descubriendo los orígenes: un viaje a través del tiempo 16

  Un instrumento único: definiendo las opciones binarias 16

  El avance de la inversión en opciones binarias en los últimos años 17

  La realidad de las opciones binarias: Desafíos y razones detrás de las pérdidas 18

  Ventajas y riesgos de las opciones binarias: Navegando por un mar de oportunidades y desafíos 19

  Ventajas de las Opciones Binarias 19

  Riesgos de las opciones binarias: 20

    CAPÍTULO 2: ESTRATEGIAS DE TRADING EL PILAR DEL EXITO 23

  Navegando sin rumbo - Desentrañando el caos de operar al azar en opciones binarias 23

  El caos de operar sin estrategias: Un viaje sin destino 23

  Consecuencias de operar sin estrategias 23

  Explorando las ventajas del trading de opciones binarias sobre actividades basadas en el azar 25

  Diferenciando entre traders al azar y traders con estrategias rentables: un abismo de resultados 26

Estrategias que transforman la incertidumbre en oportunidad 28

Ventajas clave de este libro: 29

CAPÍTULO 3: ¿POR QUÉ USAR ESTRATEGIAS SIMPLES, SIN MARTINGALA Y ADAPTADAS A CUALQUIER TIPO DE MERCADO? 32

Jugando con números: El trading y las estrategias como un juego de sumas y restas 32

La esperanza matemática en las estrategias de trading: Un análisis detallado 33

Principales Elementos de la Esperanza Matemática: 34

Cómo Interpretar la Esperanza Matemática: 34

Importancia de estrategias ganadoras y la resiliencia ante rachas perdedoras 35

La importancia de estrategias simples, sin martingala y versátiles para cualquier mercado, incluido el OTC 37

CAPÍTULO 4: ¿CÓMO GANAN LAS ESTRATEGIAS QUE GANAN? 41

La importancia de los puntos viscerales 41

Puntos clave para el éxito con cualquier estrategia 42

CAPÍTULO 5: PUNTOS CLAVE PARA OPERAR LAS ESTRATEGIAS 46

1. Comprensión de la Estrategia 46

2. Configuración de los Indicadores 47

3. Identificación de la Tendencia 47

4- Confirmación adicional con la última vela: clave para el éxito en opciones binarias 48

5. Ejecución de Operaciones 49

6. Gestión del Capital 50

7. Práctica y Disciplina 50

8. Evaluación y Ajuste Continuo 51

9. Selección de Activos 51

CAPÍTULO 6: ESTRATEGIA VELAS TENDENCIOSAS 54

Fundamentación de la estrategia 54

Explicación de la estrategia 54

Operaciones y momento de apertura 54

Probabilidades de la estrategia 55

Reglas básicas para mayor probabilidad de éxito 55

Gestión del capital y cierre 56

Guía paso a paso para utilizar la estrategia "Velas tendenciosas" 56

ESTRATEGIA VELAS TENDENCIOSAS ALCISTAS EN FOTO 58

ESTRATEGIA DE VELAS TENDENCIOSAS BAJISTAS 59

CAPÍTULO 7: ESTRATEGIA VELAS INDECISAS 61

Fundamentación de la estrategia 61

Explicación de la estrategia 61

Operaciones y momento de apertura 61

Probabilidades de la estrategia 62

Reglas básicas para mayor probabilidad de éxito 63

Guía paso a paso para aplicar la estrategia "Velas indecisas" 63

Consejos adicionales 64

ESTRATEGIA VELAS INDECISAS EN FOTO 66

CAPÍTULO 8: ESTRATEGIA RAYO PARABOLICO CONFIRMADO 68

Fundamentación de la estrategia 68

Explicación del uso de los indicadores 68

Operaciones y momento de apertura 68

Confirmación de operaciones 69

Consideraciones importantes 69

Gestión del capital 69

Guía paso a paso para aplicar la estrategia "Rayo parabólico confirmado" en opciones binarias 70

¿CUANDO NO SE DEBE OPERAR LA ESTRATEGIA RAYO PARABOLICO CONFIRMADO? 73

ESTRATEGIA RAYO PARABOLICO CONFIRMADO (ALCISTA) EN FOTO 74

CAPÍTULO 9: ESTRATEGIA RAYO PARABOLICO CAMBIANTE 77

Fundamentación de la estrategia 77

Indicadores utilizados 77

Operaciones y momento de apertura 77

Confirmación de operaciones 78

Consideraciones importantes 78

Gestión del capital 78

Guía paso a paso para aplicar la estrategia "Rayo Parabólico Cambiante" en opciones binarias 79

ESTRATEGIA RAYO PARABÓLICO CAMBIANTE (ALCISTA) EN FOTO 81

ESTRATEGIA RAYO PARABÓLICO CAMBIANTE (BAJISTA) EN FOTO 82

CAPÍTULO 10: ESTRATEGIA ZIGZAG EN TENDENCIA 84

Fundamentación de la estrategia 84

Uso de los indicadores 84

Reglas básicas para mayor probabilidad de éxito 84

Gestión del capital 85

Guía paso a paso para aplicar la estrategia Zig Zag en tendencia 85

ESTRATEGIA ZIGZAG EN TENDENCIA BAJISTA EN FOTO 88

ESTRATEGIA ZIGZAG EN TENDENCIA ALCISTA EN FOTO 91

CAPÍTULO 11: ESTRATEGIA ZIGZAG CONTRATENDENCIA 94

Fundamentación de la estrategia 94
Uso de los indicadores 94
Probabilidades de la estrategia 94
Reglas básicas para mayor probabilidad de éxito 95
Estrategias ganadoras y pérdidas 95
Guía paso a paso para aplicar la estrategia Zig Zag en contratendencia en opciones binarias 96
ESTRATEGIA ZIGZAG EN CONTRATENDENCIA BAJISTA 98
ESTRATEGIA ZIGZAG EN CONTRATENDENCIA ALCISTA EN FOTO 101

CAPÍTULO 12: ESTRATEGIA RUTA 24 103
Fundamentación de la estrategia 103
Configuración de indicadores 103
Procedimiento operativo 104
Cierre predeterminado: 105
Gestión monetaria y consejos prácticos 105
Guía paso a paso para aplicar la estrategia 24 HORAS en opciones binarias 105
Conclusión 108
ESTRATEGIA RUTA 24 ALCISTA EN FOTO 109
ESTRATEGIA RUTA 24 BAJISTA EN FOTO 110

CAPÍTULO 13: ESTRATEGIA RUTA 1260 112
Fundamentación de la estrategia 112
Explicación del uso de indicadores 112
Operación y momento de apertura 113
Confirmación de operaciones 113
Consideraciones importantes 113

Guía paso a paso para usar la estrategia "Ruta 1260" 114

ESTRATEGIA RUTA 1260 BAJISTA 116

ESTRATEGIA RUTA 1260 ALCISTA EN FOTO 117

CAPÍTULO 14: ESTRATEGIA CRUCE 1260 119

Fundamentación de la estrategia 119

Explicación de los indicadores 119

Operación y momento de apertura 120

Confirmación de operaciones 120

Consideraciones importantes 121

Gestión del capital 121

Guía paso a paso para utilizar la estrategia "Cruce 1260" 121

ESTRATEGIA CRUCE 1260 ALCISTA EN FOTO 124

ESTRATEGIA CRUCE 1260 BAJISTA EN FOTO 125

CAPÍTULO 15: ESTRATEGIA RUTA 7-21 127

Fundamentación de la estrategia 127

Configuración de indicadores 127

Procedimiento operativo 128

Gestión monetaria y consejos prácticos 128

Guía paso a paso para aplicar la estrategia RUTA 7-21 en opciones binarias 128

Conclusión 131

ESTRATEGIA RUTA 7-21 ALCISTA EN FOTO 132

ESTRATEGIA RUTA 7-21 BAJISTA EN FOTO 133

CAPÍTULO 16: EL ARTE DEL TRADING RENTABLE 135

Dominando las claves del éxito en el arte del trading de opciones binarias 135

Desnudando la realidad del mercado 135

Maestría de estrategias ajustadas 135

Conexión emocional y mental 136

Gestión del capital 136

Evaluación y adaptación 136

Responsabilidad Personal 136

Claves para el éxito en el arte del trading de opciones binarias 137

Reflexiones Finales 137

CAPÍTULO 1: EXPLORANDO LAS OPCIONES BINARIAS

Las opciones binarias han ganado prominencia en el mundo financiero actual, pero su historia es fascinante y se remonta siglos atrás.

Descubriendo los orígenes: un viaje a través del tiempo

Las opciones binarias no son una invención del siglo XXI; su historia comienza en el siglo XVIII en la bulliciosa bolsa de valores de Londres, donde se comenzaron a utilizar contratos de opciones. Sin embargo, la concepción moderna de las opciones binarias como una forma independiente de inversión nació en los Estados Unidos durante la década de 1970. Este periodo marcó el inicio de una evolución que cambiaría la perspectiva del trading. La revolución digital de los años 2000 democratizó el acceso a las opciones binarias, permitiendo que inversores de todo el mundo participaran en este emocionante mercado.

Un instrumento único: definiendo las opciones binarias

Las opciones binarias son contratos que permiten a los traders especular sobre la dirección futura del precio de un activo subyacente. Su simplicidad es clave: los traders deben prever si el precio estará por encima o por debajo de un nivel predeterminado en un plazo de tiempo específico. Este capítulo sirve como una inmersión en la historia de las opciones binarias, desde sus inicios en la bolsa de valores de Londres hasta su evolución en la era digital.

El avance de la inversión en opciones binarias en los últimos años

El mundo de las opciones binarias ha experimentado un notable avance en las últimas décadas. La accesibilidad y la globalización han sido claves en su crecimiento. Plataformas en línea han democratizado el acceso a este tipo de inversión, permitiendo que inversores de todos los niveles participen desde la comodidad de sus hogares. Varios factores han contribuido al auge de las opciones binarias:

1. **Auge de las plataformas en línea:** El surgimiento de plataformas de trading en línea ha sido fundamental. Estas plataformas ofrecen interfaces amigables, herramientas de análisis y recursos educativos, haciendo que el trading sea accesible para todos.

2. **Tecnología móvil y operaciones en tiempo real:** La tecnología móvil permite que los inversores operen en cualquier momento y lugar. Aplicaciones móviles avanzadas brindan la capacidad de realizar operaciones en tiempo real, agregando flexibilidad al proceso de inversión.

3. **Diversificación de activos subyacentes:** Ahora, los inversores pueden participar en opciones vinculadas a acciones, materias primas y criptomonedas, ampliando así las oportunidades de inversión.

4. **Enfoque educativo y recursos de análisis:** Plataformas y comunidades en línea ofrecen recursos educativos, tutoriales y análisis de mercado, empoderando a los inversores con el conocimiento necesario.

5. **Regulación y transparencia:** La regulación ha aumentado, garantizando la transparencia y la integridad del mercado, creando un entorno más seguro para los inversores.

Este avance ha llevado a una mayor participación y diversificación, creando un panorama más robusto y dinámico para los interesados en las opciones binarias.

La realidad de las opciones binarias: Desafíos y razones detrás de las pérdidas

Aunque las opciones binarias ofrecen oportunidades emocionantes, es crucial comprender por qué muchas personas pierden más de lo que ganan. Varios factores contribuyen a esta dinámica:

1. **Complejidad del mercado:** Los movimientos de precios están influenciados por diversos factores, lo que hace que la predicción precisa sea un desafío constante.

2. **Falta de educación y conocimiento:** Operar sin una comprensión sólida de los mercados, análisis técnico y gestión de riesgos aumenta la probabilidad de pérdidas.

3. **Falta de estrategias claras y disciplina:** La ausencia de estrategias y la falta de disciplina son críticas. La disciplina es esencial para tomar decisiones informadas.

4. **Publicidad engañosa y estafas:** La industria ha enfrentado críticas debido a la publicidad engañosa. Es vital discernir entre plataformas legítimas y prácticas fraudulentas.

5. **Naturaleza Especulativa y Riesgo Inherente:** La imprevisibilidad del mercado implica un riesgo inherente. Comprender y aceptar este riesgo es esencial.

6. **Falta de Regulación y Supervisión:** La falta de regulación ha permitido prácticas poco éticas. Participar en plataformas reguladas es crucial para un entorno de trading justo.

Ventajas y riesgos de las opciones binarias: Navegando por un mar de oportunidades y desafíos

Las opciones binarias, al ofrecer una forma única de inversión, vienen acompañadas tanto de ventajas como de riesgos. Comprender ambas facetas es esencial.

Ventajas de las Opciones Binarias:

1. **Simplicidad y Accesibilidad:** Los inversores solo tienen que prever si el precio de un activo estará por encima o por debajo de un nivel específico. La accesibilidad a través de plataformas en línea permite la participación de todos los niveles.
2. **Potencial de Ganancias Rápidas:** Ofrecen la posibilidad de obtener ganancias en un corto periodo de tiempo.
3. **Diversificación de Activos:** Permiten la inversión en una amplia gama de activos, incluyendo acciones, divisas, índices y criptomonedas.

4. **Transparencia en los Riesgos:** Los inversores conocen claramente la cantidad de dinero que están arriesgando y la posible recompensa.

Riesgos de las opciones binarias:

1. **Naturaleza especulativa y riesgo inherente:** La especulación implica un riesgo inherente, y no hay garantía de éxito en cada operación.

2. **Publicidad engañosa y estafas:** La promesa de ganancias rápidas ha llevado a algunos inversores a caer en esquemas fraudulentos.

3. **Complejidad del mercado:** Aunque son simples en comparación con otros instrumentos, los mercados subyacentes pueden ser complejos y difíciles de prever.

4. **Falta de regulación en algunos sectores:** La falta de regulación adecuada ha permitido prácticas poco éticas.

5. **Necesidad de educación y estrategias claras:** La falta de educación y estrategias claras contribuye a las pérdidas. La toma de decisiones informada es esencial.

Conclusiones

En este capítulo introductorio, hemos trazado un viaje a través de la historia y la evolución de las opciones binarias, desde sus raíces en la bolsa de valores de Londres hasta su actualidad en la era digital. Hemos explorado las ventajas emocionantes que ofrecen, así como los desafíos y riesgos inherentes a este mundo financiero.

Es crucial reconocer que las opciones binarias son más que una simple oportunidad de inversión; son un terreno dinámico que requiere comprensión, estrategia y disciplina. Aunque más personas enfrentan pérdidas que ganancias, este libro se presenta como una guía invaluable, diseñada para equiparte con los conocimientos y estrategias necesarios para aumentar tus posibilidades de rentabilidad.

A medida que navegues por las páginas siguientes, explorarás estrategias maestras para multiplicar tus ganancias. Desde la gestión de riesgos hasta la identificación de oportunidades de mercado y la aplicación de enfoques probados, este libro será tu brújula en este viaje financiero.

Recuerda siempre la importancia de la educación continua, la disciplina y la toma de decisiones informadas. Este libro no solo ofrece estrategias; te invita a convertirte en un trader consciente y capaz de alcanzar la ansiada rentabilidad definitiva.

"El primer paso hacia el dominio en el trading es entender los fundamentos. Conocer a fondo las opciones binarias no solo abre puertas al conocimiento, sino que te prepara para aprovechar cada oportunidad en el dinámico mundo del mercado financiero."

DISFRUTA NUESTRO LANZAMIENTO DISPONIBLE EN AMAZON:

CURSO IQ TRADING Módulo 1 ¿Cómo ganar en el trading de opciones binarias?: Guía definitiva para ser rentable antes de comenzar a operar en real (Spanish Edition): Quz, Igor: 9798673291566: Amazon.com: Books

CAPÍTULO 2: ESTRATEGIAS DE TRADING EL PILAR DEL EXITO

Navegando sin rumbo - Desentrañando el caos de operar al azar en opciones binarias

En el vasto océano de las opciones binarias, lanzarse sin una estrategia definida es equivalente a aventurarse en aguas desconocidas sin brújula ni mapa. Este capítulo nos sumerge en la comprensión de las consecuencias de operar al azar, sin una guía clara.

El caos de operar sin estrategias: Un viaje sin destino

Imagina un barco a la deriva en medio de un mar tempestuoso, sin un capitán que lo oriente. Operar al azar en opciones binarias es semejante a este viaje sin rumbo fijo. En lugar de seguir un curso planificado, los inversores se encuentran a merced de las olas del mercado, sin control sobre su dirección ni destino.

Consecuencias de operar sin estrategias

Operar sin estrategias afecta negativamente nuestro desempeño como traders en los siguientes puntos viscerales a la hora de alcanzar el éxito.

Analicemos uno a uno:

1. Pérdida de control y direccionalidad:
   - Cuando las operaciones se realizan sin una estrategia clara, el control sobre las decisiones de inversión se desvanece. La dirección de las transacciones se torna impredecible, lo que puede llevar a resultados erráticos.

2. Impacto en la disciplina y la psicología del trading:
   - La falta de una estrategia definida puede afectar la disciplina del inversor. Las emociones, como el miedo y la codicia, pueden desencadenar decisiones impulsivas y, en última instancia, perjudicar la psicología del trading.

3. Ausencia de gestión de riesgos:
   - La gestión de riesgos es esencial en cualquier forma de inversión. Operar al azar a menudo implica una falta de consideración respecto a cuánto capital se está arriesgando en cada operación, lo que puede resultar en pérdidas significativas.

4. Resultados basados en la suerte, no en el conocimiento:
   - El azar y la suerte son malos consejeros en el mundo de las opciones binarias. Obtener ganancias sin una estrategia sólida es más un acto fortuito que un logro basado en el conocimiento del mercado.

Mientras exploramos los efectos de operar al azar, recordemos que este capítulo sirve como una advertencia, una brújula que señala la importancia de adoptar un enfoque estructurado y estratégico en el trading de opciones binarias. En los siguientes apartados, examinaremos cómo la ausencia de una estrategia puede convertir el trading en un juego de azar y cómo la implementación de estrategias maestras puede cambiar radicalmente el curso de este viaje.

Explorando las ventajas del trading de opciones binarias sobre actividades basadas en el azar

En medio de la incertidumbre que implica operar al azar, el trading de opciones binarias emerge como una opción que ofrece ventajas distintivas en comparación con actividades puramente basadas en la suerte. Este capítulo arroja luz sobre estas ventajas, destacando cómo el enfoque estratégico del trading de opciones binarias puede marcar la diferencia en el resultado final.

1. Estrategia como timón en aguas turbulentas:
   - A diferencia de actividades basadas en la suerte, el trading de opciones binarias permite la implementación de estrategias definidas. La estrategia actúa como un timón en aguas turbulentas, proporcionando dirección y control sobre las decisiones de inversión.

2. Conocimiento como poder sobre la incertidumbre:
   - El trading de opciones binarias requiere conocimiento del mercado y análisis cuidadoso. A diferencia de juegos de azar donde la suerte predomina, aquí el conocimiento se convierte en poder. Comprender los activos, patrones y tendencias aumenta la probabilidad de tomar decisiones informadas.

3. Disciplina y gestión de riesgos:
   - La disciplina y la gestión de riesgos son pilares fundamentales en el trading de opciones binarias. A través de estrategias bien definidas, los inversores pueden establecer límites de riesgo y gestionar su capital de manera efectiva, lo cual es esencial para el éxito a largo plazo.

4. Resultados basados en análisis, no en azar:

- En lugar de depender de la suerte, el trading de opciones binarias se basa en el análisis y la interpretación de datos. Los resultados son el producto de decisiones informadas y análisis de mercado, no simplemente el resultado de eventos aleatorios.

5. Flexibilidad y adaptabilidad:
   - A medida que los inversores adquieren experiencia, tienen la capacidad de ajustar y mejorar sus estrategias. La flexibilidad y la adaptabilidad son características clave que distinguen al trading de opciones binarias de actividades más estáticas basadas en el azar.

En resumen, el trading de opciones binarias presenta una alternativa estructurada y estratégica en comparación con actividades puramente aleatorias. Al implementar estrategias informadas, gestionar riesgos y basar decisiones en el análisis del mercado, los inversores pueden trascender la incertidumbre y navegar con mayor confianza en este emocionante viaje financiero.

Diferenciando entre traders al azar y traders con estrategias rentables: un abismo de resultados

En el vasto mar del trading de opciones binarias, existe un abismo evidente entre aquellos que operan al azar y aquellos que emplean estrategias rentables. Estas diferencias no solo impactan los resultados finales, sino que también definen la experiencia y la eficacia de los traders. Veamos cómo se manifiestan estas divergencias a través de ejemplos concretos.

1. Decisión informada vs. azar descontrolado:
   - **Trader al azar:**

- Imagina a un trader que elige activos y realiza operaciones sin un análisis previo. Sus decisiones se basan en corazonadas y eventos aleatorios del mercado. Este enfoque carece de dirección y estrategia clara.

  - Trader con estrategia rentable:
  - En contraste, un trader con una estrategia rentable realiza análisis detallados antes de cada operación. Evalúa patrones, tendencias y factores fundamentales, tomando decisiones informadas que se alinean con su estrategia.

2. Gestión de riesgos y disciplina:
  - Trader al azar:
  - Un trader al azar puede arriesgar grandes cantidades de capital sin un plan claro. La falta de disciplina puede llevar a la toma de decisiones impulsivas, basadas en emociones momentáneas.

  - Trader con estrategia rentable:
  - El trader con una estrategia rentable implementa una gestión de riesgos disciplinada. Establece límites claros para las pérdidas y gestiona su capital de manera responsable, reduciendo el impacto de operaciones adversas.

3. Resultados basados en suerte vs. consistencia:
  - Trader al azar:
  - Las ganancias y pérdidas de un trader al azar son impredecibles. Pueden tener rachas de suerte, pero la consistencia a largo plazo es difícil de lograr.

  - Trader con estrategia rentable:
  - Un trader con una estrategia rentable busca la consistencia en sus resultados. Aunque pueden enfrentar pérdidas en momentos, su enfoque disciplinado y estratégico les permite mantener un rendimiento sólido a lo largo del tiempo.

4. Aprendizaje y adaptación:
   - **Trader al azar:**
   - El aprendizaje puede ser limitado para un trader que opera al azar. No hay un marco estructurado para evaluar y mejorar su enfoque.
   - **Trader con estrategia rentable:**
   - Un trader con una estrategia rentable aprende y se adapta continuamente. Analiza sus operaciones, ajusta su estrategia según las condiciones del mercado y busca constantemente mejorar su desempeño.

Estos ejemplos ilustran claramente la brecha entre el azar y la estrategia en el mundo del trading de opciones binarias. Mientras que el azar puede ofrecer resultados esporádicos, la estrategia rentable brinda una base sólida para el éxito sostenible a lo largo del tiempo.

Estrategias que transforman la incertidumbre en oportunidad

En este capítulo, hemos explorado los peligros y desafíos que enfrentan aquellos que eligen operar al azar en el mundo de las opciones binarias. La falta de dirección, disciplina y estrategia clara se traduce en un viaje sin rumbo, donde la suerte reemplaza al conocimiento, y los resultados son impredecibles.

Sin embargo, este capítulo no solo destaca los riesgos; también subraya la oportunidad de transformar la incertidumbre en ganancias consistentes. Aquí es donde este libro se revela como una herramienta invaluable. Al ofrecer estrategias efectivas diseñadas para multiplicar las ganancias en opciones binarias, se convierte en la brújula que guía a los traders hacia aguas más seguras y rentables.

Ventajas clave de este libro:

1. Estrategias probadas y efectivas:
   - Este libro no solo aborda los peligros del azar, sino que proporciona estrategias probadas y efectivas. Cada estrategia está diseñada para aumentar la probabilidad de ganancias, ofreciendo a los traders un enfoque estructurado y disciplinado.

2. Enfoque educativo y analítico:
   - A diferencia de lanzarse al azar, este libro adopta un enfoque educativo y analítico. Cada estrategia se explica detalladamente, permitiendo que los lectores comprendan los fundamentos y la lógica detrás de cada decisión de trading.

3. Gestión de riesgos y disciplina:
   - La gestión de riesgos y la disciplina son pilares clave en todas las estrategias presentadas. Los lectores aprenderán a establecer límites claros, gestionar su capital de manera responsable y resistir las trampas emocionales que surgen al operar.

4. Adaptabilidad y mejora continua:
   - Este libro no solo ofrece estrategias estáticas, sino que fomenta la adaptabilidad y la mejora continua. Los traders pueden aprender a ajustar sus enfoques según las condiciones del mercado, fortaleciendo así su capacidad para enfrentar diversos escenarios.

En Resumen:

A medida que navegamos por el universo de las opciones binarias, la elección entre operar al azar o adoptar estrategias efectivas puede marcar la diferencia entre la incertidumbre y el éxito consistente. Este libro se presenta como un faro en medio de esa incertidumbre, guiando a los traders hacia aguas más claras y proporcionando las herramientas necesarias para convertirse en maestros del trading de opciones binarias. En los próximos capítulos, nos sumergiremos más profundamente en la importancia de usar estrategias simples, sin martingala y adaptadas a cualquier tipo de mercado.

"Una estrategia bien definida es la brújula que guía a los traders a través del océano del mercado. Con enfoque y disciplina, puedes convertir la incertidumbre en oportunidad y la planificación en éxito sostenible."

DISFRUTA NUESTRO LANZAMIENTO DISPONIBLE EN AMAZON

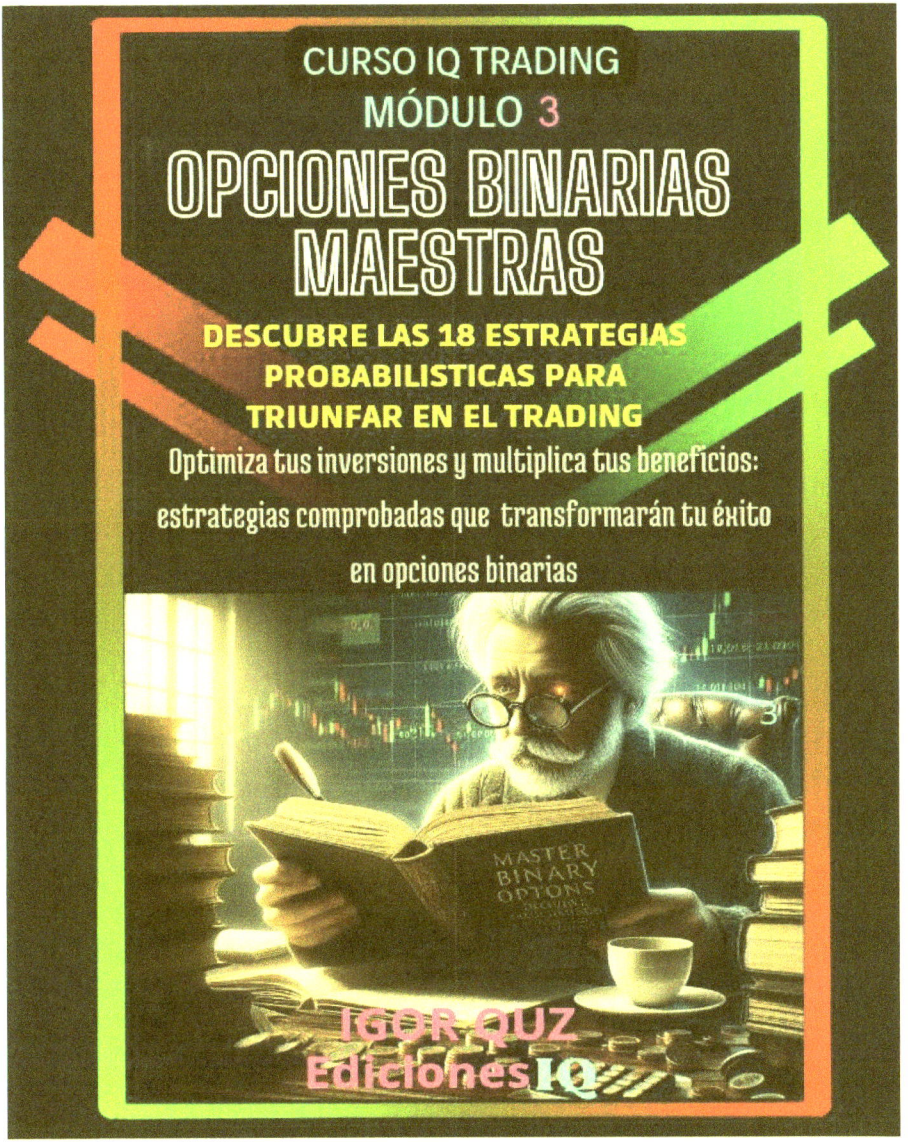

Amazon.com: "OPCIONES BINARIAS MAESTRAS" 18 ESTRATEGIAS PROBABILÍSTICAS PARA TRIUNFAR: Optimiza tus inversiones, alcanza el éxito y multiplica tus beneficios con estrategias ... (CURSO IQ TRADING) (Spanish Edition) eBook : Quz, Igor: Tienda Kindle

CAPÍTULO 3: ¿POR QUE USAR ESTRATEGIAS SIMPLES, SIN MARTINGALA Y ADAPTADAS A CUALQUIER TIPO DE MERCADO?

Las estrategias de trading son como herramientas en las manos de un comerciante. Al igual que cualquier herramienta, experimentan momentos de eficacia y enfrentan desafíos en otros. Podemos imaginar una estrategia como un mapa que guía al trader, funcionando de manera suave en días soleados pero presentando desvíos inesperados en días nublados. Así, las estrategias de trading generan ganancias en ciertos momentos, pero también enfrentan pérdidas. Es fundamental comprender que esto es parte natural del proceso. La clave no es evitar las pérdidas a toda costa, sino aprender de ellas y ajustar la estrategia según sea necesario.

En resumen, las estrategias de trading no son infalibles; tienen sus victorias y derrotas en distintas condiciones del mercado. La habilidad del trader radica en entender cuándo aplicarlas, cómo adaptarlas a cambios y aprender continuamente para mejorar su desempeño con el tiempo.

Jugando con números: El trading y las estrategias como un juego de sumas y restas

En el universo del trading, la dinámica se asemeja a un juego de sumas y restas, donde cada estrategia y decisión se traduce en una ecuación financiera. Podemos visualizar este proceso como una balanza, donde las ganancias y pérdidas son los pesos que determinan el equilibrio. Cada operación ejecutada añade o quita peso de un lado de la balanza. Las estrategias de trading actúan como las reglas del juego, fórmulas y tácticas que el trader emplea para influir en el resultado final. La consistencia y disciplina en su aplicación son cruciales para asegurar que la suma de ganancias superen a las restas por perdidas a los largo del tiempo.

Es vital reconocer que, al igual que en cualquier juego de sumas y restas, siempre habrá fluctuaciones. Momentos de ganancias pueden ser seguidos por pérdidas. La habilidad del trader reside en mantener una perspectiva a largo plazo, aprendiendo de cada experiencia para mejorar continuamente su juego. En última instancia, el trading y las estrategias son un ejercicio de equilibrio financiero, buscando mantener la balanza inclinada hacia el lado de las ganancias con cada operación.

La esperanza matemática en las estrategias de trading: Un análisis detallado

Dentro del trading, la esperanza matemática surge como un concepto clave que arroja luz sobre la efectividad y sostenibilidad de una estrategia. Es una herramienta analítica que va más allá de simples ganancias y pérdidas, explorando la probabilidad y consistencia a largo plazo. La esperanza matemática puede visualizarse como el promedio ponderado de los resultados de una estrategia, considerando tanto las ganancias como las pérdidas. Es esencialmente una evaluación probabilística que responde a la pregunta:

"¿Cuánto se puede esperar ganar o perder en promedio por cada unidad de inversión?"

Principales Elementos de la Esperanza Matemática:

1. Probabilidades de ganancia y pérdida: La esperanza matemática considera las probabilidades asociadas con cada resultado posible de una estrategia, evaluando no solo si una estrategia gana o pierde, sino cuánto se gana o pierde en promedio.
2. Frecuencia y consistencia: Examina la frecuencia de ejecución de una estrategia y su consistencia en diferentes condiciones del mercado. Una estrategia con alta esperanza matemática busca no solo ganancias, sino obtenerlas con regularidad a lo largo del tiempo.
3. Gestión de riesgos: La esperanza matemática está estrechamente relacionada con la gestión de riesgos. Aunque una estrategia puede tener pérdidas, la pregunta clave es si esas pérdidas son manejables y se equilibran con las ganancias.
4. Ajustes y mejoras continuas: La evaluación constante y los ajustes son integrales al trabajar con la esperanza matemática. Los traders exitosos buscan mejorar su estrategia basándose en las condiciones del mercado y resultados históricos.

Cómo Interpretar la Esperanza Matemática:

- Un valor positivo indica una estrategia que, en promedio, genera ganancias. Cuanto mayor sea este valor, mayor será la expectativa de beneficio a largo plazo.
- Un valor negativo sugiere una estrategia que, en promedio, resulta en pérdidas. En este caso, es crucial evaluar si las pérdidas son manejables y si hay oportunidades de mejora.

- Un valor cercano a cero indica que la estrategia tiene un equilibrio entre ganancias y pérdidas, sin garantizar rentabilidad a largo plazo.

En resumen, entender y aplicar la esperanza matemática en las estrategias de trading va más allá de buscar ganancias inmediatas. Se trata de adoptar un enfoque analítico y probabilístico que evalúa la consistencia y rentabilidad a largo plazo. La integración inteligente de la esperanza matemática es una herramienta valiosa para los traders que buscan construir estrategias robustas y sostenibles en el mercado financiero.

Importancia de estrategias ganadoras y la resiliencia ante rachas perdedoras

En el intrincado mundo de las opciones binarias, las estrategias ganadoras son faros que iluminan el camino hacia el éxito sostenible. Este capítulo no solo explora la esencia de estrategias simples y sin martingala, sino que también destaca la crucial importancia de mantenerse firme en estas estrategias incluso en momentos de rachas perdedoras.
Principales Puntos:

1. Estrategias como pilares del éxito: Las estrategias son esenciales para cualquier trader que busque no solo sobrevivir, sino prosperar en el mercado de opciones binarias. Son los pilares que sustentan decisiones informadas y consistentes, proporcionando una estructura sólida para enfrentar la volatilidad del mercado.
2. Resiliencia en momentos de desafío: Las rachas perdedoras son inevitables en cualquier forma de trading. Sin embargo, es en estos momentos de desafío donde la resiliencia se convierte en un activo invaluable. Abandonar

estrategias ganadoras durante una racha perdedora puede ser el error que debilita la base del éxito a largo plazo.
3. Análisis y mejora continua: En lugar de abandonar estrategias ante pérdidas temporales, la clave radica en el análisis y la mejora continua. Evaluar el desempeño de una estrategia, identificar posibles ajustes y aprender de las experiencias adversas son prácticas esenciales para el crecimiento y la adaptabilidad.
4. Previsión de ciclos de rendimiento: Cada estrategia experimentará periodos de altos y bajos. Es esencial que los traders comprendan y prevean estos ciclos de rendimiento. La capacidad de mirar más allá de las rachas perdedoras y reconocer la tendencia general de una estrategia contribuye a una toma de decisiones informada.
5. La consistencia como clave del éxito: La consistencia en la aplicación de estrategias es la clave del éxito a largo plazo. Un trader exitoso no se desvía de su estrategia ante las fluctuaciones del mercado. La paciencia y la disciplina se convierten en aliados fundamentales en el mantenimiento de la consistencia.
6. Mantener la mente abierta a la mejora: Aunque la consistencia es crucial, también es vital mantener la mente abierta a mejoras y ajustes. El mercado evoluciona, y las estrategias exitosas son aquellas que pueden adaptarse a los cambios sin perder su esencia fundamental.

En conclusión, las estrategias ganadoras no solo son guías para la toma de decisiones, sino también un escudo protector ante la variabilidad del mercado. La importancia de mantenerse firme en estas estrategias, incluso en momentos difíciles, radica en la resiliencia y en la capacidad de aprender y evolucionar constantemente.

La importancia de estrategias simples, sin martingala y versátiles para cualquier mercado, incluido el OTC

En el intrincado mundo del trading, la simplicidad y la prudencia son faros que guían a los inversores hacia aguas más seguras y rentables. La adopción de estrategias simples, libres de la complejidad de la martingala y adaptable a diversos mercados, incluido el OTC (Over-the-Counter), no solo es una elección sabia, sino también una piedra angular para el éxito sostenible.

Principales Aspectos:

1. Simplicidad como claridad: Las estrategias simples no solo son más fáciles de entender, sino que también ofrecen una claridad crucial en la toma de decisiones. Al minimizar la complejidad, los traders pueden centrarse en ejecutar sus estrategias de manera disciplinada y efectiva.
2. Evitando la trampa de la martingala: La martingala, una estrategia que implica duplicar la inversión después de cada pérdida, puede ser tentadora en momentos de adversidad. Sin embargo, su riesgo inherente de pérdidas acumulativas puede llevar a consecuencias financieras desastrosas. Estrategias sin martingala priorizan la gestión de riesgos y evitan caer en esta trampa.
3. Adaptabilidad a cualquier mercado: La versatilidad es un activo invaluable en el mundo del trading, y las estrategias simples destacan por su capacidad para adaptarse a diversos mercados. Ya sea en mercados convencionales o en el OTC, donde la liquidez puede variar, estas

estrategias permiten a los traders ajustar su enfoque según las condiciones específicas.
4. Enfoque probado y efectivo: Estrategias simples han resistido la prueba del tiempo y han demostrado su efectividad en diversos escenarios del mercado. Evitar la sobrecarga de información y centrarse en principios básicos permite a los traders construir una base sólida y confiable.
5. Gestión eficiente del tiempo: La simplicidad no solo se traduce en decisiones más claras, sino también en una gestión más eficiente del tiempo. Los traders pueden dedicar más tiempo a la implementación efectiva de la estrategia en lugar de lidiar con complejidades innecesarias.
6. Alineación con objetivos a largo plazo: Las estrategias simples, sin martingala y adaptables, están alineadas con los objetivos a largo plazo de los traders. Buscan construir un camino sostenible hacia el éxito en lugar de depender de tácticas arriesgadas y volátiles.

En conclusión, la elección de estrategias simples, sin martingala y adaptables a cualquier mercado, incluido el OTC, subraya un enfoque inteligente y fundamentado en el trading. Esta elección no solo mejora la comprensión y aplicación de las estrategias, sino que también establece las bases para un viaje financiero duradero y exitoso. Es una decisión que resuena con la sabiduría de que, a menudo, la simplicidad es la clave para alcanzar el éxito en los mercados financieros.

En este capítulo, hemos explorado la importancia de abrazar estrategias simples, sin caer en la trampa de la martingala, y capaces de adaptarse a cualquier mercado, incluso el OTC. La simplicidad, la gestión de riesgos y la versatilidad han sido los pilares que hemos destacado, reconociendo que en la sencillez a menudo reside la fuerza.

¡Y ahora, el próximo capítulo nos espera con anticipación! ***¿Cómo ganan las estrategias que ganan?*** Prepárate para sumergirte en un análisis profundo que revelará los secretos detrás del éxito de las estrategias ganadoras. Acompáñanos en este emocionante viaje, donde desentrañaremos las claves para multiplicar tus ganancias y asegurar tu éxito en el fascinante universo de las opciones binarias. ¡Te esperamos!

"La simplicidad es la máxima sofisticación en el trading. Al adoptar estrategias claras, sin martingalas arriesgadas y adaptables a cualquier mercado, no solo simplificas tu camino al éxito, sino que también aseguras una base sólida y estable."

APRENDE A DISEÑAR UN PLAN DE TRADING RENTABLE CON NUESTRO NUEVO EBOOK DISPONIBLE EN AMAZON

Amazon.com: ¿CÓMO DISEÑAR UN PLAN DE TRADING RENTABLE?: GUÍA COMPLETA PASO A PASO PARA LOGRAR EL ÉXITO DEFINITIVO (Spanish Edition) eBook : QUZ, IGOR: Kindle Store

CAPÍTULO 4: ¿CÓMO GANAN LAS ESTRATEGIAS QUE GANAN?

En este capítulo, exploraremos el cofre del éxito con estrategias de trading de opciones binarias. Nos sumergiremos en un repertorio de enfoques probados que no solo buscan ganancias inmediatas, sino que establecen las bases para un éxito duradero.

La importancia de los puntos viscerales

En este emocionante viaje, no solo nos enfocaremos en tácticas específicas, sino que también exploraremos los puntos viscerales, elementos fundamentales que impulsan el éxito en el trading. Estos puntos van más allá de las estrategias numéricas y son esenciales para la conexión entre el trader y el mercado.

1. Disciplina emocional: Mantener la calma en la volatilidad del mercado es crucial. La disciplina emocional permite ejecutar estrategias de manera tranquila incluso bajo presión.

2. Gestión del Riesgo: Más que una estrategia, es una mentalidad. Entender y aceptar el riesgo es esencial para decisiones informadas y evitar trampas impulsivas.

3. Adaptabilidad: Los mercados cambian constantemente, y adaptarse es crucial. Ajustar estrategias según las condiciones del mercado es clave para el éxito a largo plazo.

4. Autoevaluación continua: Mejorar no solo las estrategias, sino también uno mismo. La autoevaluación constante impulsa el crecimiento personal y financiero.

5. Paciencia y persistencia: El éxito no llega instantáneamente. Mantenerse enfocado en metas a largo plazo requiere paciencia y persistencia.

6. Claridad en los objetivos: Establecer metas claras y mantener una visión a largo plazo guía cada acción y decisión en el trading.

En este capítulo, analizamos cómo estos puntos viscerales son fundamentales para alcanzar la rentabilidad con estrategias de trading. Al hacerlo, construimos las bases para un éxito perdurable, más allá de simplemente ejecutar operaciones.

Puntos clave para el éxito con cualquier estrategia

En la búsqueda del éxito en el trading de opciones binarias, la aplicación de estrategias efectivas es solo una parte de la ecuación. La gestión cuidadosa del capital, la selección adecuada de instrumentos financieros y la adherencia estricta a las reglas operativas son esenciales para un camino más sólido hacia ganancias consistentes.

Elementos Clave a Considerar:

- **Gestión monetaria:** Limitar el riesgo a un 1-2% del capital inicial por operación es fundamental para preservar la cuenta y resistir pérdidas temporales.

- **Evitar la martingala:** Resistir la tentación de duplicar la inversión tras pérdidas es crucial para mantener la estabilidad financiera a largo plazo.

- **Elección de instrumentos:** Optar por activos que paguen al menos un 87% de beneficio directamente impacta la rentabilidad.

- **Seguir indicaciones y reglas:** La disciplina en seguir las pautas de cada estrategia aumenta las posibilidades de éxito a largo plazo.

- **Ajuste del tamaño de operación:** Adaptar el tamaño de las operaciones al crecimiento o disminución del capital es clave para la gestión de riesgos.

- **Adaptación a condiciones del mercado:** Evaluar y ajustar estrategias según las condiciones cambiantes del mercado mejora la resiliencia y sostenibilidad.

Integrando estos puntos clave en tu enfoque general fortalecerás cualquier estrategia que implementes. La gestión prudente del capital, evitar prácticas riesgosas y seguir reglas operativas te guiarán hacia un camino más consistente y exitoso en el trading de opciones binarias.
Es esencial practicar y validar estrategias en una cuenta demo antes de operar con dinero real. Esto te permite evaluar tu desempeño y tomar decisiones informadas sobre tu operativa real.

"El éxito en el trading no es un misterio; es una fórmula de preparación, paciencia y precisión. Descubre los elementos que hacen que las estrategias triunfen y aprende a replicar esos éxitos con confianza y consistencia."

REALIZA TRADING DE FORMA PROFESIONAL CON EL DIARIO IQ TRADING TOTAL

DIARIO IQ TRADING TOTAL: REGISTRA, MEJORA, GANA MÁS Y ALCANZA LA RENTABILIDAD CON TU PROPIO DIARIO DE TRADING (CURSO IQ TRADING) (Spanish Edition): QUZ, IGOR: 9798677569098: Amazon.com: Books

CAPÍTULO 5: PUNTOS CLAVE PARA OPERAR LAS ESTRATEGIAS

En este capítulo, te proporcionaremos una guía detallada sobre los puntos clave a tener en cuenta al operar con las estrategias que encontrarás en los capítulos siguientes. Estas estrategias han sido cuidadosamente testeadas en diversos activos y horarios, tanto en mercado normal como en OTC, mostrando en el largo plazo una efectividad de entre el 55% y el 63%. Siguiendo estos consejos, a largo plazo podrás maximizar tus oportunidades de éxito.

1. Comprensión de la Estrategia

Antes de empezar a operar, es crucial que comprendas completamente la estrategia que vas a utilizar. Esto incluye:

- **Objetivo de la estrategia**: Identificar si está diseñada para tendencias alcistas, bajistas o mercados laterales.
- **Condiciones del mercado**: Saber en qué tipo de mercado es más efectiva la estrategia.
- **Indicadores clave**: Conocer los indicadores que necesitas configurar y cómo interpretarlos adecuadamente.

2. Configuración de los Indicadores

Cada estrategia requiere una configuración específica de indicadores. Asegúrate de:

- **Configurar correctamente los indicadores**: Sigue las guías específicas para cada estrategia, configurando correctamente los indicadores.
- **Verificar la precisión**: Asegúrate de que los indicadores estén funcionando correctamente y que los datos del mercado sean precisos y actualizados.

3. Identificación de la Tendencia

La identificación precisa de la tendencia o lateralidad del mercado es crucial para el éxito de cualquier estrategia. Para ello:

- **Analiza las velas japonesas**: Observa patrones de velas para confirmar los movimientos en tendencias o microtendencias, así como el movimiento lateralizado del precio.
- **Observa el comportamiento del precio respecto a los indicadores**: Asegúrate de que el precio esté correctamente posicionado según la estrategia y los indicadores usados para cada estrategia.

- **Opera siempre de acuerdo a los fundamentos de la estrategia utilizada**: A favor de la tendencia en mercados en tendencia y en reversión cuando se opera en mercados lateralizados.

4- Confirmación adicional con la última vela: clave para el éxito en opciones binarias

- Para aumentar la precisión de nuestras estrategias de trading de opciones binarias, es esencial contar con confirmaciones adicionales antes de ejecutar cualquier operación. Una de las confirmaciones más efectivas y fáciles de implementar es el análisis de la última vela antes de tomar una decisión. Esta técnica no solo refuerza la dirección prevista, sino que también filtra posibles señales falsas, aumentando la probabilidad de éxito.

La importancia de la última vela

- La última vela antes de una operación nos ofrece información crucial sobre el sentimiento del mercado en ese momento específico. Una vela con un cuerpo significativo y poco o ningún shadow indica una tendencia clara y decisiva, lo cual es vital para confirmar nuestra operación.

- **Confirmación para Opciones Put**
- Cuando nuestra estrategia indique una opción Put, la última vela debe ser una vela bajista fuerte. Es decir, una vela con un cuerpo sustancial que cierre significativamente más bajo que su apertura, mostrando así una fuerte presión de venta. Esta vela debe tener una

sombra superior pequeña o nula, lo que sugiere una clara dominancia de los vendedores.
- Ejemplo: Si la estrategia sugiere vender (Put), y la última vela es una vela roja sólida con poco o ningún shadow superior, esto refuerza la decisión de entrada, indicando una continuación de la presión de venta.

- **Confirmación para Opciones Call**
- En contraste, si la estrategia sugiere una opción Call, la última vela debe ser una vela alcista fuerte. Esto significa una vela con un cuerpo significativo que cierre mucho más alto que su apertura, indicando una fuerte presión de compra. Similarmente, esta vela debe tener una sombra inferior pequeña o nula, señalando una clara dominancia de los compradores.
- Ejemplo: Si la estrategia indica comprar (Call), y la última vela es una vela verde sólida con poco o ningún shadow inferior, esto confirma la entrada, indicando una continuación de la presión de compra.
- Incorporar la confirmación adicional de la última vela fortalece tus decisiones de trading, aumentando las probabilidades de éxito en cada operación. Es fundamental adoptar enfoques rigurosos y detallados para maximizar tus beneficios. Este método no solo te protege contra movimientos inesperados del mercado, sino que también solidifica tu posición como un trader informado y estratégico.

5. *Ejecución de Operaciones*

Al ejecutar operaciones, ten en cuenta los siguientes aspectos:

- **Momento de entrada**: Abre operaciones solo cuando se cumplan todas las condiciones de la estrategia.
- **Duración de las operaciones**: Asegúrate de que cada operación tenga la duración especificada en la estrategia, como el vencimiento de 1, 2 o 3 minutos según las indicaciones de la estrategia.
- **Ciclos de operaciones**: Sigue las reglas para iniciar y detener ciclos de operaciones basadas en el rendimiento anterior (por ejemplo, detener el ciclo en la primera pérdida significativa que nos pueda indicar un inicio de un ciclo de operaciones perdedoras, como una primera pérdida con una vela envolvente de al menos el 50% del cuerpo de la última operación ganadora).

6. Gestión del Capital

Una gestión adecuada del capital es esencial para cualquier operador. Considera:

- **Porcentaje de capital por operación**: Utiliza solo un 1% a 2% de tu capital por operación para minimizar riesgos.
- **Establecer límites diarios**: Define un límite diario de operaciones para evitar sobreoperar y perder claridad mental.
- **Descansos regulares**: Descansa al menos 4 horas entre sesiones para mantener un juicio claro y evitar el agotamiento.

7. Práctica y Disciplina

La práctica y la disciplina son clave para convertirte en un operador exitoso:

- **Cuenta demo**: Antes de operar con dinero real, practica en una cuenta demo para familiarizarte con la o las estrategias que desees utilizar.
- **Registro de operaciones**: Lleva un registro detallado de todas tus operaciones para analizar tu rendimiento y ajustar tus estrategias.
- **Disciplina emocional**: Mantén la calma y sigue tu plan de trading sin dejarte llevar por las emociones.

8. Evaluación y Ajuste Continuo

Finalmente, es importante evaluar y ajustar continuamente tus estrategias:

- **Revisión periódica**: Revisa periódicamente tus resultados y ajusta tus estrategias según sea necesario.
- **Aprendizaje continuo**: Mantente actualizado con las últimas tendencias y técnicas en el trading de opciones binarias.

9. Selección de Activos

Debido a la efectividad de las estrategias, que oscila entre el 55% y el 63%, es esencial elegir activos que paguen al menos un 87% de beneficios. Esta selección te permitirá a largo plazo alcanzar la rentabilidad necesaria para compensar las operaciones perdedoras y maximizar tus ganancias.

Conclusión

Las estrategias que encontrarás en los siguientes capítulos han sido testeadas en una variedad de activos y horarios tanto en mercado normal como en OTC en periodos de tiempo prolongados, mostrando una efectividad de entre el 55% y el 63%. Operar con éxito en el trading de opciones binarias requiere una comprensión profunda de las estrategias, una configuración precisa de los indicadores, una identificación adecuada de las tendencias.

Es fundamental una ejecución disciplinada de las operaciones y una gestión cuidadosa del capital teniendo en cuenta que a largo plazo se puede ser rentable, aunque en ocasiones tengamos rachas perdedoras. La práctica constante y la capacidad de evaluar y ajustar tus estrategias, junto con la selección de activos que paguen al menos un 87% de beneficios, te permitirán maximizar tus ganancias y minimizar tus riesgos.

"Operar con éxito es un arte que combina conocimiento, disciplina y gestión del riesgo. Al dominar los puntos clave de cada estrategia y seleccionar cuidadosamente los activos adecuados, no solo proteges tu capital, sino que también maximizas tu potencial de ganancias."

DISFRUTA NUESTRO NUEVO LANZAMIENTO EN AMAZON

Amazon.com: ¿CÓMO USAR ESTADÍSTICA PARA LOGRAR UN TRADING RENTABLE?: TESTEOS Y TABLAS ESTADÍSTICAS PARA GANAR CON TU PLAN DE TRADING PENSANDO EN TERMINO DE PROBABILIDADES (CURSO IQ TRADING) (Spanish Edition) eBook : QUZ, IGOR: Tienda Kindle

CAPÍTULO 6: ESTRATEGIA VELAS TENDENCIOSAS

Fundamentación de la estrategia

La estrategia "Velas Tendenciosas" se centra en identificar patrones específicos de velas japonesas en un marco temporal de 1 minuto. Su objetivo es capitalizar las tendencias del mercado mediante la interpretación de la fuerza y dirección de las últimas tres velas consecutivas.

Explicación de la estrategia

Esta estrategia prescinde de indicadores convencionales y se basa en la acción del precio. Se enfoca en la fuerza y dirección de las tres últimas velas para determinar oportunidades de trading.

Operaciones y momento de apertura

1. Marco Temporal y Ejecución:
  - Utiliza gráficos de velas japonesas en un marco temporal de 1 minuto en tu plataforma de trading.
  - Todas las operaciones tienen un vencimiento de un minuto o se cierran exactamente al final de la vela en que se abre la posición.

2. Apertura de operaciones:
   - Preferentemente, abre operaciones al inicio de una vela para confirmar patrones tendenciosos.
   - Considera esperar un retroceso para una entrada más efectiva.

Probabilidades de la estrategia
La probabilidad de éxito aumenta al identificar patrones claros de tres velas consecutivas que respaldan una tendencia o microtendencia. Sin embargo, se debe tener en cuenta la naturaleza dinámica del mercado, que no garantiza éxito en todas las operaciones.

Reglas básicas para mayor probabilidad de éxito
1. Operaciones Call:
   - Identifica tres velas alcistas consecutivas, verifica que exista una tendencia o microtendencia alcista del activo elegido.
   - La última vela debe tener un cuerpo grande y mechas cortas

2. Operaciones Put:
   - Busca tres velas bajistas consecutivas, verifica que exista una tendencia o microtendencia bajista del activo elegido.
   - La última vela debe tener un cuerpo grande y mechas cortas.

3. Confirmación Adicional:
   - Asegúrate de que la última vela antes de operar sea fuerte y respalde la dirección deseada.

Gestión del capital y cierre

- Aplica la ley de los grandes números para gestionar el capital.
- Utiliza un riesgo prudente del 1-2% del capital inicial por operación.
- Reconoce que todas las estrategias tienen operaciones ganadoras y perdedoras.
- La consistencia y paciencia son clave para la rentabilidad a largo plazo.

Guía paso a paso para utilizar la estrategia "Velas tendenciosas"

1. Configuración inicial:
   - Abre tu plataforma de trading y selecciona el activo deseado.
   - Asegúrate de operar con instrumentos que paguen al menos un 87% de beneficios por operación.
   - Establece el marco temporal en velas japonesas de 1 minuto.

2. Entender la estrategia:
   - Familiarízate completamente con la estrategia "Velas Tendenciosas" y sus patrones específicos.

3. Ejecución del marco temporal:
   - Selecciona el marco temporal de 1 minuto en tu plataforma de trading para aplicar la estrategia.

4. Momento de operación:
   - Abre operaciones al inicio de una vela para confirmar patrones tendenciosos.
   - Considera esperar un retroceso para mejorar la entrada.

5. Identificación de patrones:

- Para operaciones "Call" o de compra, busca tres velas alcistas consecutivas con una última vela de gran cuerpo y mechas cortas, verifica que exista una tendencia o microtendencia alcista del activo elegido.
- Para operaciones "Put" o de venta, busca tres velas bajistas consecutivas con una última vela de gran cuerpo y mechas cortas, verifica que exista una tendencia o microtendencia bajista del activo elegido.

6. Confirmación adicional:
   - Verifica que la última vela antes de operar respalde la dirección deseada (Alcista o bajista).

7. Gestión del capital y cierre:
   - Aplica una gestión de capital prudente.
   - Acepta que habrá operaciones ganadoras y perdedoras.
   - Mantén la consistencia y paciencia para lograr resultados positivos a largo plazo.

8. Evaluación y ajuste:
   - Después de varias operaciones, evalúa la efectividad de la estrategia y ajusta los criterios según sea necesario.

Recuerda practicar la estrategia en una cuenta demo antes de operar con dinero real y realizar pruebas históricas para evaluar su probabilidad de éxito. La disciplina y la paciencia son esenciales para alcanzar resultados consistentes y sostenibles en el trading de opciones binarias.

"Una estrategia sólida es tu mejor defensa en el campo de batalla del mercado. Sin ella, estás apostando; con ella, estás negociando."

ESTRATEGIA VELAS TENDENCIOSAS ALCISTAS EN FOTO

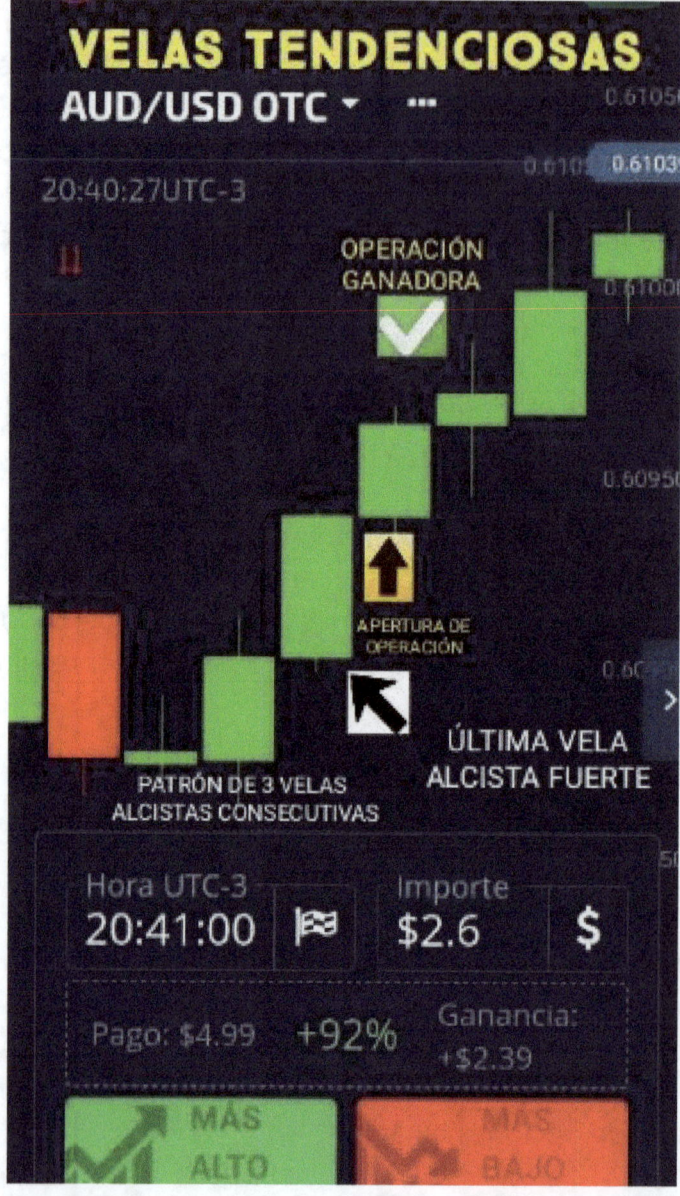

Aquí vemos como se cumple el patrón de velas tendenciosas alcistas, observamos una microtendencia alcista con las tres ultimas velas alcistas previas a la operación alcista, confirmando la entrada con una ultima vela alcista de gran cuerpo y mechas cortas.

ESTRATEGIA DE VELAS TENDENCIOSAS BAJISTAS

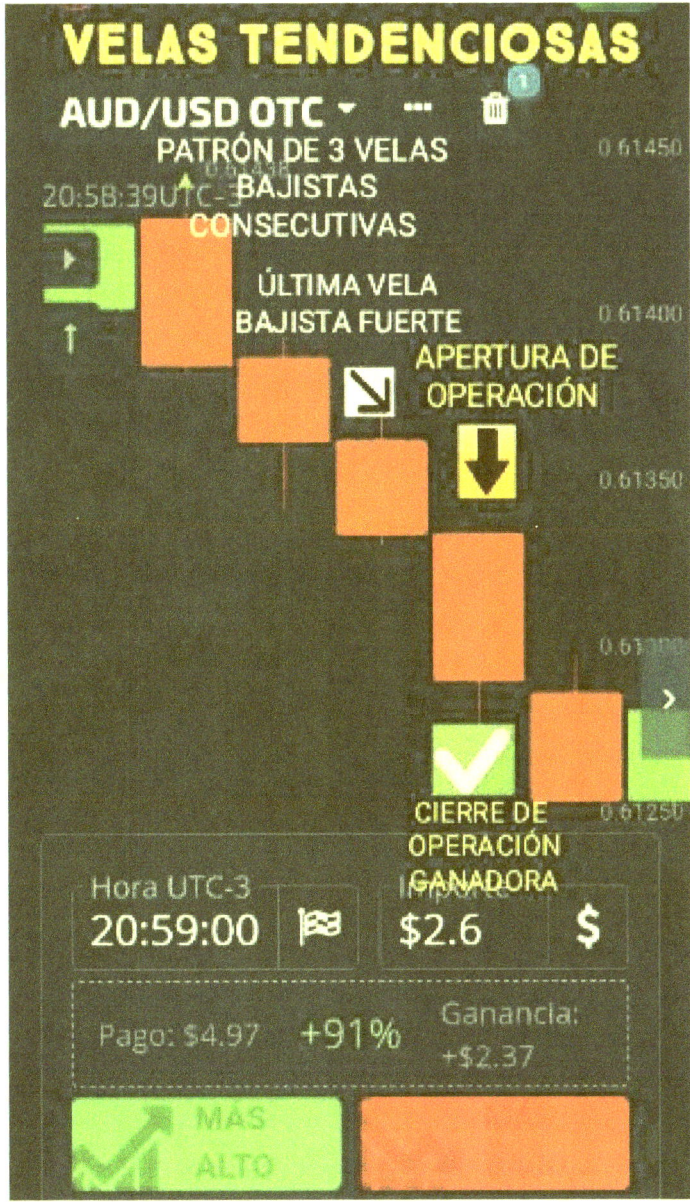

Aquí vemos como se cumple el patrón de velas tendenciosas bajistas, observamos una microtendencia bajista con las tres ultimas velas bajistas previas a la operación bajista, confirmando la entrada con una ultima vela bajista de gran cuerpo y mechas cortas.

DISFRUTA NUESTRO LANZAMIENTO DISPONIBLE EN AMAZON:

CURSO IQ TRADING Módulo 1 ¿Cómo ganar en el trading de opciones binarias?: Guía definitiva para ser rentable antes de comenzar a operar en real (Spanish Edition): Quz, Igor: 9798673291566: Amazon.com: Books

CAPÍTULO 7: ESTRATEGIA VELAS INDECISAS

Fundamentación de la estrategia

La estrategia "Velas Indecisas" se centra en identificar patrones específicos de velas japonesas en mercados lateralizados donde el precio oscila en un rango, utilizando el indicador fractal (periodo 2) para destacar niveles de soporte y resistencia en gráficos de velas de 1 minuto.

Explicación de la estrategia

Esta estrategia aprovecha los mercados con tendencias laterales, donde el precio fluctúa sin una dirección clara. Se basa en la alternancia de velas alcistas y bajistas en los últimos 10 minutos, utilizando los fractales para identificar puntos clave de entrada y salida.

Operaciones y momento de apertura

1. Marco temporal y ejecución:

   - Utiliza gráficos de velas japonesas de 1 minuto junto con el indicador fractal (periodo 2).

- Se recomienda esperar un pequeño retroceso para una entrada óptima.
- Las operaciones tienen un vencimiento de 2 o 3 minutos, o se cierran exactamente después de la tercera vela tras abrir la operación.

2. Identificación del mercado lateral:

- Confirma la presencia de un mercado lateralizado observando la alternancia de velas alcistas y bajistas en los últimos 10 minutos, el precio oscila en un rango sin mostrar una tendencia clara.

3. Operaciones "Call":

- Abre operaciones "Call" cuando el precio toca o está cerca del soporte identificado por el último fractal inferior.
- La operación debe tener un vencimiento de 2 o 3 minutos.

4. Operaciones "Put":

- Abre operaciones "Put" cuando el precio toca o está cerca de la resistencia identificada por el último fractal superior.
- La operación debe tener un vencimiento de 2 o 3 minutos.

5. Confirmación de Operaciones:

- Confirma las operaciones observando que el precio toque una zona cercana a un soporte (para operaciones alcistas) o resistencia (para operaciones bajistas).

Probabilidades de la estrategia

La efectividad de la estrategia depende de la habilidad para identificar con precisión patrones de velas en mercados laterales y reconocer cuando el precio toca niveles de soporte o resistencia. Es recomendable realizar pruebas en datos históricos o en cuentas demo para evaluar la probabilidad de éxito.

Reglas básicas para mayor probabilidad de éxito

1. Gestión del Capital:

- Limita las operaciones a un máximo del 1 o 2% del capital inicial por operación para mitigar pérdidas y preservar el capital.

2. Perspectiva a Largo Plazo:

- Reconoce que todas las estrategias experimentan ganancias y pérdidas; por lo tanto, una excelente gestión monetaria es fundamental para el éxito a largo plazo.

Guía paso a paso para aplicar la estrategia "Velas indecisas"

1. Configuración inicial:

- Abre tu plataforma de trading y selecciona un activo en un mercado lateralizado.
- Establece el marco temporal en velas japonesas de 1 minuto.
- Selecciona activos que paguen al menos un 87% de beneficios.

2. Uso del indicador fractal:

- Agrega el indicador fractal configurado en periodo 2 a tu gráfico para identificar niveles de soporte y resistencia.

3. Observación del mercado:

- Observa los últimos 10 minutos de movimientos del mercado para confirmar la presencia de una tendencia lateral con alternancia de velas alcistas y bajistas que oscilan en un rango.

4. Identificación de patrones de velas:

- Reconoce patrones de velas alternadas en los últimos 10 minutos para determinar puntos de entrada y salida.

5. Operaciones "Call":
   - Abre una operación "Call" cuando el mercado está lateralizado oscilando en un rango y el precio toca o está cerca del soporte identificado por el último fractal inferior.

6. Operaciones "Put":
   - Abre una operación "Put" cuando el mercado está lateralizado y el precio toca o está cerca de la resistencia identificada por el último fractal superior.

7. Confirmación de operaciones:
   - Confirma las operaciones asegurándote de que el precio toque una zona cercana a un nivel de soporte o resistencia indicado por los fractales.

8. Monitoreo y Cierre:
   - Monitorea la operación hasta su vencimiento y aplica una gestión cuidadosa del capital.

9. Evaluación y Ajuste:
   - Después de varias operaciones, evalúa la efectividad de la estrategia y ajusta tus criterios según sea necesario para mejorar la consistencia.

Consejos adicionales

- Practica la estrategia en una cuenta demo antes de operar con dinero real.
- Realiza pruebas en datos históricos para evaluar la probabilidad de éxito.
- Mantén la disciplina y la paciencia al aplicar la estrategia.

La estrategia **"Velas Indecisas"** ofrece un enfoque claro basado en patrones de velas en mercados laterales para la toma de decisiones en opciones binarias a corto plazo. La disciplina en la aplicación y una gestión cuidadosa del capital son clave para el éxito sostenido. Aunque ninguna estrategia garantiza el éxito en cada operación, la perseverancia y la consistencia son esenciales para alcanzar resultados positivos a largo plazo.

"El éxito en el trading no se mide por un solo gran movimiento, sino por la consistencia de una estrategia bien ejecutada."

ESTRATEGIA VELAS INDECISAS EN FOTO

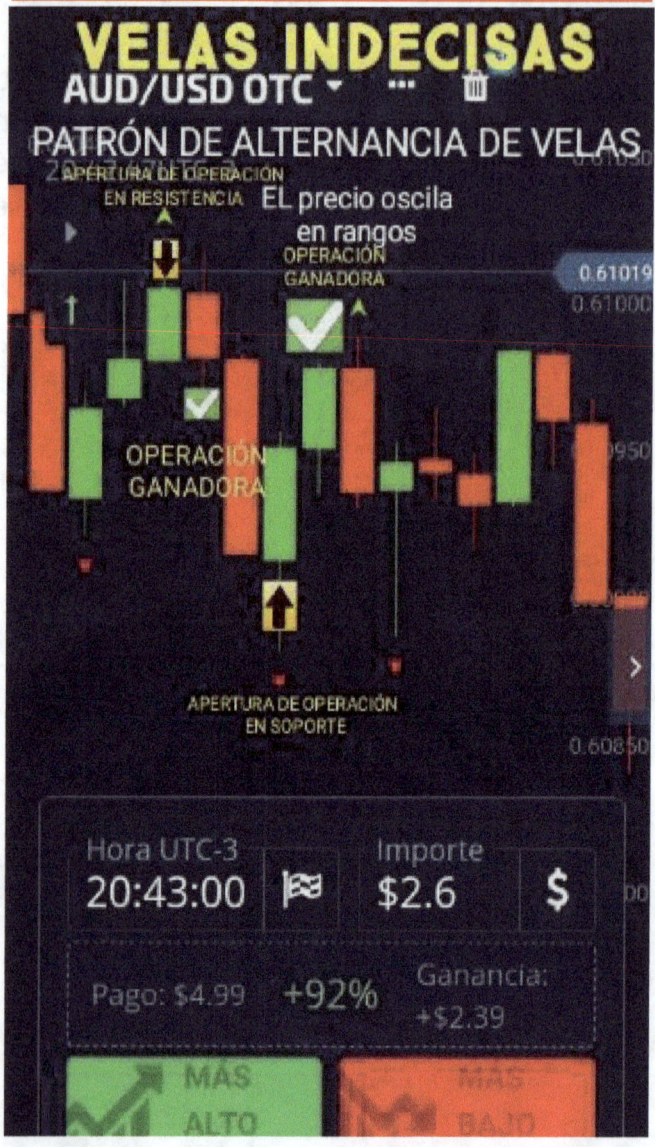

AQUÍ VEMOS COMO SE CUMPLE EL PATRON DE VELAS INDECISAS, EL PRECIO OSCILA ARRIBA Y ABAJO EN UN RANGO DETERMINADO ABRIENDO OPERACIONES EN POSICIONES CERCANAS A LOS SOPORTES Y RESISTENCIAS INDICADOS POR EL FRACTAL SUPERIOR Y INFERIOR. (TRIANGULOS SUPERIORES E INFERIORES).

DISFRUTA NUESTRO LANZAMIENTO DISPONIBLE EN AMAZON

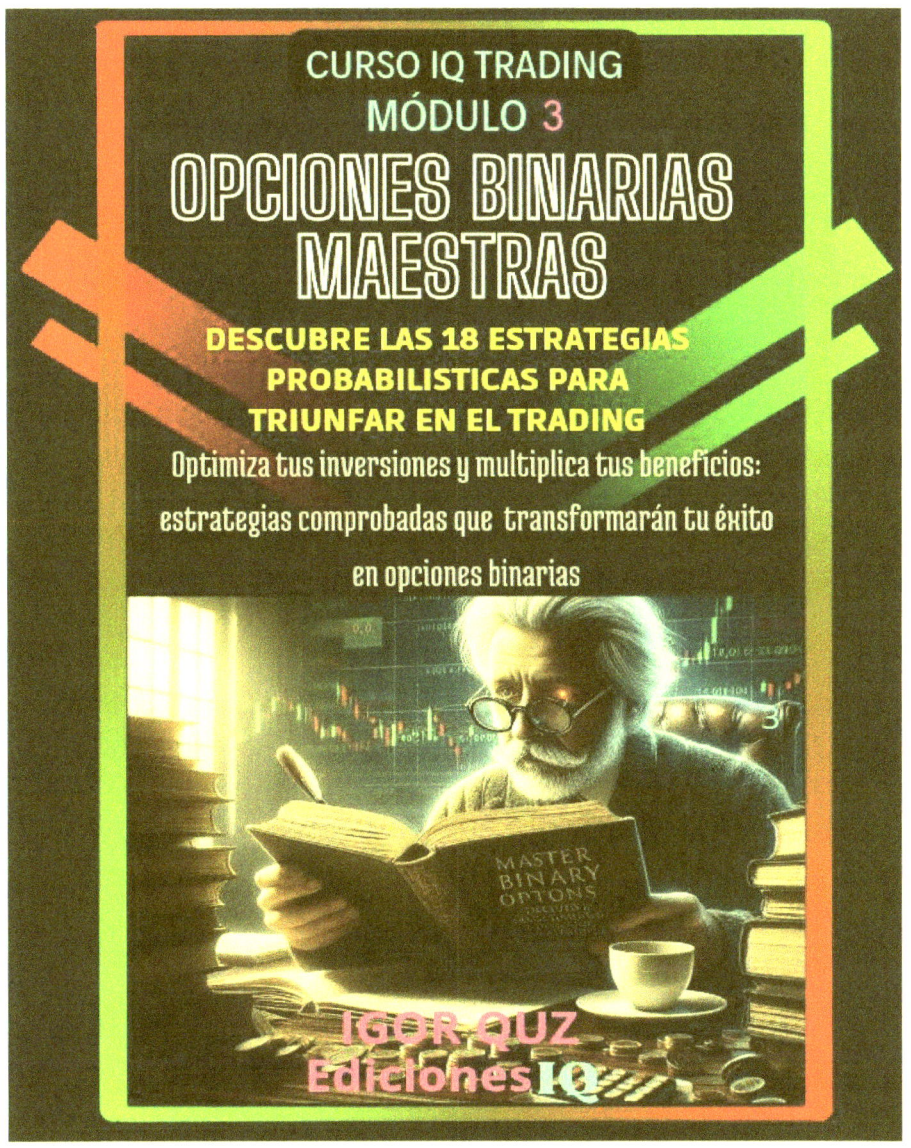

Amazon.com: "OPCIONES BINARIAS MAESTRAS" 18 ESTRATEGIAS PROBABILÍSTICAS PARA TRIUNFAR: Optimiza tus inversiones, alcanza el éxito y multiplica tus beneficios con estrategias ... (CURSO IQ TRADING) (Spanish Edition) eBook : Quz, Igor: Tienda Kindle

CAPÍTULO 8: ESTRATEGIA RAYO PARABÓLICO CONFIRMADO

Fundamentación de la estrategia

La estrategia "Rayo Parabólico Confirmado" combina el uso del indicador SAR Parabólico y el indicador Fractal con velas japonesas de un minuto. Esta metodología está diseñada para identificar oportunidades de trading en opciones binarias mediante la confirmación simultánea de ambos indicadores.

Explicación del uso de los indicadores

- **SAR Parabólico (Aceleración 0,02 - Aceleración máxima 0,2):** Determina la dirección de la tendencia y posibles puntos de inversión.
- **Fractal (Periodo 2):** Actúa como un indicador dinámico que confirma la fuerza de la tendencia y establece niveles dinámicos de soporte y resistencia. La coincidencia con el SAR Parabólico refuerza las señales de trading.

Operaciones y momento de apertura

- Todas las operaciones tienen un vencimiento de un minuto.
- Se ejecutan al inicio de una vela o con el cierre exacto al cierre de la vela en la que se abre la operación.
- **Operaciones Call:**
  - Se abre cuando el SAR Parabólico y el último Fractal están por debajo de la última vela.

- Se recomienda abrir al inicio de una vela y esperar un retroceso para una entrada más efectiva.

- **Operaciones Put:**
  - Se abre cuando el SAR Parabólico y el último Fractal están por encima de la última vela.
  - Se sugiere abrir al comienzo de una vela y considerar esperar un retroceso para una mejor entrada.

Confirmación de operaciones

- Confirma las operaciones al observar la coincidencia de la ubicación del SAR y el Fractal.
- Evita operar si el precio muestra un movimiento lateralizado.
- Confirma operaciones alcistas si hay una microtendencia alcista visible.
- Confirma operaciones bajistas si hay una microtendencia bajista visible.

Consideraciones importantes

- Práctica previa en una cuenta demo debido a la naturaleza dinámica de los indicadores **Fractal** y **SAR Parabólico**.
- Evita abrir operaciones si un indicador está por encima y el otro por debajo del precio.

Gestión del capital

- Utiliza una gestión de capital prudente, invirtiendo entre el 1% y 2% del capital inicial por operación.
- Reconoce que las pérdidas son inevitables y ajusta el tamaño de las operaciones para preservar el capital a largo plazo.

Guía paso a paso para aplicar la estrategia "Rayo parabólico confirmado" en opciones binarias

1. Configuración inicial:
   - Abre tu plataforma de trading y selecciona el activo en el que deseas operar.
   - Selecciona activos que paguen al menos un 87% de beneficios.
   - Configura el gráfico con velas japonesas de un minuto.

2. Comprende la estrategia:
   - Familiarízate con la estrategia **"Rayo Parabólico Confirmado"**, que utiliza el SAR Parabólico y el indicador Fractal para confirmar oportunidades de trading.

3. Configuración de indicadores:
   - Agrega el indicador SAR Parabólico y el indicador Fractal al gráfico.

4. Identificación de tendencia:
   - Utiliza el SAR Parabólico para determinar la dirección de la tendencia (alcista o bajista).
   - Evita operar si el precio muestra un movimiento lateralizado.

5. Confirmación con fractal:
   - Confirma la fuerza de la tendencia y los niveles de soporte/resistencia dinámicos utilizando el indicador Fractal.

6. Apertura de operaciones Call:
   - Abre operaciones "Call" cuando tanto el SAR Parabólico como el último Fractal están por debajo de la última vela.
   - Considera abrir al inicio de una vela y espera un posible retroceso para una entrada más efectiva.

- Confirma si hay una microtendencia alcista para validar la operación "Call".

7. Apertura de Operaciones Put:

- Abre operaciones "Put" cuando tanto el SAR Parabólico como el último Fractal están por encima de la última vela.
- Se sugiere abrir al comienzo de una vela y esperar un retroceso para mejorar la entrada.
- Confirma si hay una microtendencia bajista para validar la operación "Put".

8. Confirmación de operaciones:

- Confirma las operaciones observando la coincidencia de la ubicación del SAR y el Fractal.
- Confirma las operaciones según la presencia de una microtendencia alcista o bajista a favor de la operación.

9. Práctica en cuenta demo:

- Antes de operar con dinero real, practica la estrategia en una cuenta demo debido a la dinámica de los indicadores Fractal y SAR Parabólico.

10. Evitar operaciones no confirmadas:

- Evita abrir operaciones si un indicador está por encima y el otro por debajo del precio.
- Evita abrir operaciones si el precio muestra un movimiento lateralizado.

11. Gestión del capital:

- Utiliza una gestión de capital prudente, invirtiendo entre el 1% y el 2% del capital inicial por operación.

12. Evaluación y Ajuste:

- Evalúa la efectividad de la estrategia después de varias operaciones.

- Ajusta tus criterios según sea necesario para mejorar la consistencia.

Recuerda que la práctica constante, la paciencia y la disciplina son fundamentales para alcanzar el éxito a largo plazo en el trading. La estrategia **"Rayo Parabólico Confirmado"** ofrece un enfoque disciplinado y basado en la confirmación de indicadores para operar opciones binarias.

"Las estrategias de trading son como mapas en un terreno desconocido; te guían, te protegen y te ayudan a alcanzar tu destino con seguridad."

¿CUANDO NO SE DEBE OPERAR LA ESTRATEGIA RAYO PARABOLICO CONFIRMADO?

INDICADORES FRACTAL Y SAR PARABOLICO ENVUELVEN EL PRECIO POR ARRIBA Y ABAJO QUEDANDO ESTE EN EL MEDIO DE AMBOS INDICANDO QCON ESTAS SEÑALES OPUESTAS QUE NO ES CONVENIENTE OPERAR.

ESTRATEGIA RAYO PARABOLICO CONFIRMADO (ALCISTA) EN FOTO

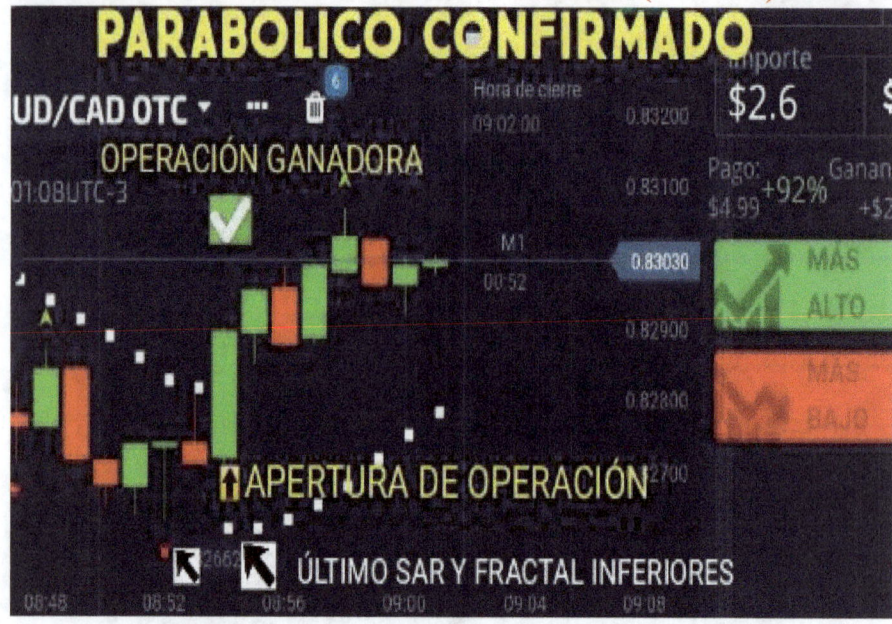

Aquí vemos como se cumple la estrategia RAYO PARABOLICO CONFIRMADO ALCISTA, confirmada por el ultimo fractal y SAR inferiores y una clara microtendencia alcista.

ESTRATEGIA RAYO PARABOLICO CONFIRMADO (BAJISTA) EN FOTO

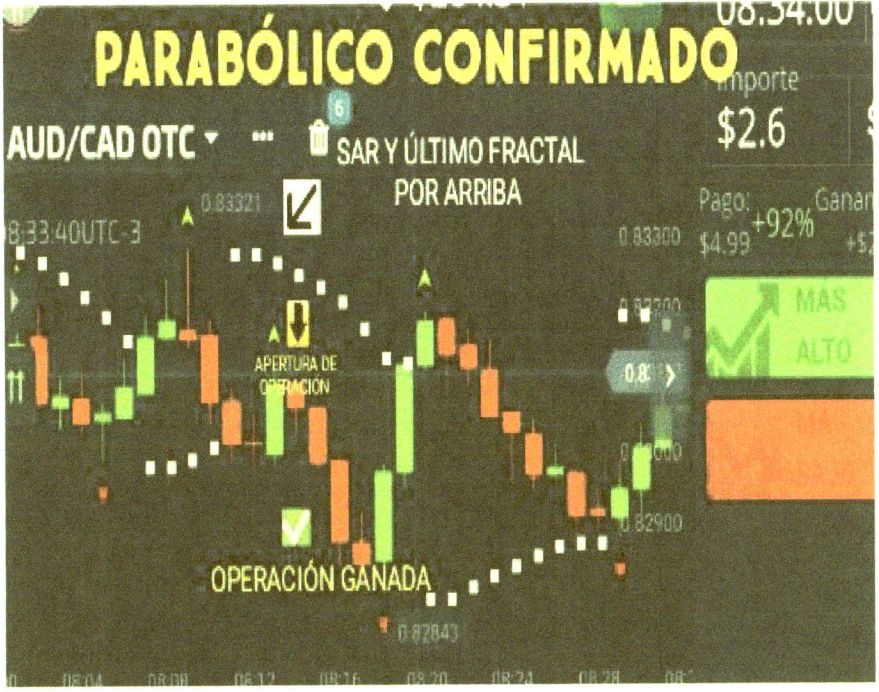

Aquí vemos como se cumple la estrategia RAYO PARABOLICO CONFIRMADO BAJISTA, confirmada por el ultimo fractal y SAR superiores y una clara microtendencia bajista.

APRENDE A DISEÑAR UN PLAN DE TRADING RENTABLE CON NUESTRO NUEVO EBOOK DISPONIBLE EN AMAZON

Amazon.com: ¿CÓMO DISEÑAR UN PLAN DE TRADING RENTABLE?: GUÍA COMPLETA PASO A PASO PARA LOGRAR EL ÉXITO DEFINITIVO (Spanish Edition) eBook : QUZ, IGOR: Kindle Store

CAPÍTULO 9: ESTRATEGIA RAYO PARABOLICO CAMBIANTE

Fundamentación de la estrategia

La estrategia **"Rayo Parabólico Cambiante"** se enfoca en detectar cambios de dirección en el mercado de opciones binarias utilizando el indicador SAR Parabólico junto con velas japonesas de un minuto. Su objetivo principal es capturar inversiones de tendencia, aprovechando la confirmación del cambio de posición del SAR Parabólico y el cruce del precio con esta línea como señal para abrir posiciones.

Indicadores utilizados

- **SAR Parabólico (Aceleración 0,02 - Aceleración máxima 0,2):** Este indicador señala posibles cambios en la dirección del mercado, enfocándose en inversiones cuando el SAR cambia de posición. La estrategia busca confirmación cuando el precio del activo cruza el SAR Parabólico, indicando un cambio potencial de tendencia.

Operaciones y momento de apertura

- Todas las operaciones tienen un vencimiento de dos o tres minutos.

- **Posiciones Call:** Se abren cuando el SAR Parabólico, previamente por encima de las velas, cambia a una posición por debajo de la última vela y el precio cruza el SAR Parabólico de abajo hacia arriba. Se sugiere abrir al inicio de una vela y esperar un retroceso para una entrada más efectiva.

- **Posiciones Put:** Se abren cuando el SAR Parabólico, previamente por debajo de las velas, cambia a una posición por encima de la última vela y el precio cruza el SAR Parabólico de arriba hacia abajo. Se recomienda abrir al inicio de una vela y considerar esperar un retroceso para una mejor entrada.

Confirmación de operaciones

- Se confirman las operaciones al observar que el cambio en la posición del SAR coincide con el cruce del precio con el SAR Parabólico.

Consideraciones importantes

- Debido a posibles retrasos en la confirmación de cambios de tendencia, las operaciones tienen un vencimiento de 2 o 3 minutos.
- Se recomienda practicar en una cuenta demo para familiarizarse con los patrones de cambio de tendencia y confirmación.

Gestión del capital

- Se aconseja una gestión de capital prudente, invirtiendo entre el 1% y el 2% del capital inicial por operación. El tamaño de las operaciones se ajusta para preservar el capital a largo plazo, reconociendo la posibilidad de operaciones perdedoras.

Guía paso a paso para aplicar la estrategia "Rayo Parabólico Cambiante" en opciones binarias

1. Configuración de la plataforma de trading:
   - Abre tu plataforma y selecciona el activo deseado.
   - Elige activos con al menos un 87% de beneficios.

2. Inclusión de indicadores:
   - Agrega el SAR Parabólico al gráfico y observa sus cambios de posición.
   - Considera agregar el indicador Fractal opcionalmente para confirmar niveles de soporte y resistencia dinámicos.

3. Análisis de velas japonesas:
   - Examina las velas japonesas para identificar la tendencia actual y los patrones de cambio.

4. Identificación de señales de operación:
   - Para posiciones Call, espera que el SAR Parabólico cambie de posición de arriba hacia abajo y confirma con el cruce del precio hacia arriba.
   - Para posiciones Put, espera que el SAR Parabólico cambie de posición de abajo hacia arriba y confirma con el cruce del precio hacia abajo.

5. Momento de apertura de operaciones:
   - Abre operaciones al inicio de una vela con una clara confirmación de cambio de tendencia.
   - Considera esperar un retroceso para mejorar la entrada si es posible.

6. Gestión del tiempo de vencimiento:
   - Configura las operaciones con un vencimiento de 2 o 3 minutos debido a posibles retrasos en los cambios de tendencia.

7. Confirmación adicional:
   - Asegúrate de que el cambio en la posición del SAR Parabólico esté respaldado por el cruce del precio con el SAR PARABÓLICO para fortalecer la señal de trading.

8. Práctica en cuenta demo:
   - Antes de operar con dinero real, practica la estrategia en una cuenta demo para afinar tus habilidades.

9. Gestión del capital:
   - Utiliza una gestión de capital prudente para proteger tu inversión a largo plazo.

Recuerda que ninguna estrategia garantiza éxito absoluto en el trading. La consistencia, la gestión de capital y la confirmación de señales son cruciales para el éxito a largo plazo. La estrategia **"Rayo Parabólico Cambiante"** ofrece un método estructurado para capitalizar cambios de tendencia en el mercado de opciones binarias, adaptándose dinámicamente a las condiciones del mercado.

"No es el trader más inteligente quien gana, sino el que tiene una estrategia clara y la disciplina para seguirla."

ESTRATEGIA RAYO PARABÓLICO CAMBIANTE (ALCISTA) EN FOTO

Arriba vemos como se cumple el patrón rayo parabólico cambiante alcista, el SAR parabólico que venia por arriba de las velas japonesas cambia de posición hacia abajo y se confirma el patrón con el cruce del valor del precio hacia arriba con la línea del SAR parabólico, se abre la operación alcista a 3 minutos de vencimiento resultando esta ganadora.

ESTRATEGIA RAYO PARABÓLICO CAMBIANTE (BAJISTA) EN FOTO

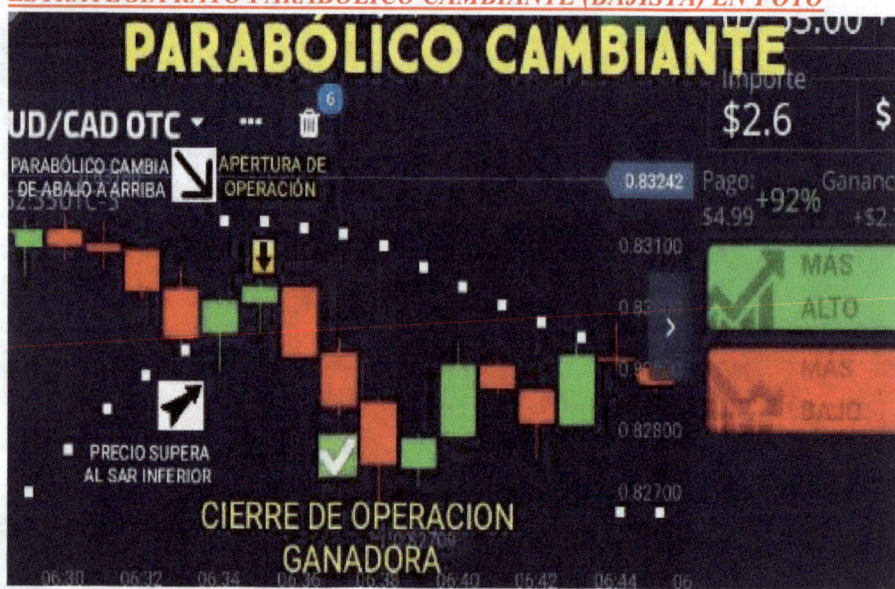

Arriba vemos como se cumple el patrón rayo parabólico cambiante bajista, el SAR parabólico que venia por abajo de las velas japonesas cambia de posición hacia arriba y se confirma el patrón con el cruce del valor del precio hacia abajo con la línea del SAR parabólico, se abre la operación bajista a 3 minutos de vencimiento resultando esta ganadora.

DISFRUTA NUESTRO NUEVO LANZAMIENTO EN AMAZON

Amazon.com: ¿CÓMO USAR ESTADÍSTICA PARA LOGRAR UN TRADING RENTABLE?: TESTEOS Y TABLAS ESTADÍSTICAS PARA GANAR CON TU PLAN DE TRADING PENSANDO EN TERMINO DE PROBABILIDADES (CURSO IQ TRADING) (Spanish Edition) eBook : QUZ, IGOR: Tienda Kindle

CAPÍTULO 10: ESTRATEGIA ZIG ZAG EN TENDENCIA

Fundamentación de la estrategia

La estrategia Zig Zag en Tendencia está diseñada para operaciones de opciones binarias utilizando velas japonesas de 1 minuto y el indicador Zig Zag. Su objetivo es capitalizar los movimientos direccionales del mercado al identificar nuevos máximos (para posiciones de compra) o nuevos mínimos (para posiciones de venta) marcados por el indicador Zig Zag.

Uso de los indicadores

- **Indicador Zig Zag (Desviación 3, Profundidad 6, Retroceso 2):** Se utiliza para identificar tendencias y puntos significativos de reversión en el precio.
- **Confirmación con SAR Parabólico (Aceleración 0,02 - Aceleración máxima 0,2):** Se emplea para validar las señales del Zig Zag. Para posiciones de compra, el SAR Parabólico debe estar por debajo de las velas; para posiciones de venta, por encima de las velas.

Reglas básicas para mayor probabilidad de éxito

1. Posiciones de Compra (Call):
  - Se abren cuando el Zig Zag dibuja nuevos máximos.
  - Confirmación: SAR Parabólico por debajo de las velas.

2. Posiciones de Venta (Put):
   - Se inician cuando el Zig Zag dibuja nuevos mínimos.
   - Confirmación: SAR Parabólico por encima de las velas.

3. Operaciones de 1 Minuto:
   - Todas las operaciones se abren con un vencimiento de un minuto.

4. Entrada al Comienzo de una Vela:
   - Se recomienda abrir operaciones al inicio de una vela.
   - Opcionalmente, se permite esperar un pequeño retroceso para una entrada más efectiva, con vencimiento al cierre de la misma vela.

Gestión del capital
- Utiliza una gestión de capital prudente, invirtiendo entre el 1% y el 2% del capital inicial por operación.
- Reconoce que todas las estrategias enfrentarán operaciones ganadoras y perdedoras, por lo que es crucial preservar el capital a largo plazo.

Guía paso a paso para aplicar la estrategia Zig Zag en tendencia

1. Configuración de la plataforma de trading:
   - Selecciona un activo y abre un gráfico de velas japonesas en un marco temporal de 1 minuto.
   - Utiliza activos que paguen al menos un 87% de beneficios.

2. Agregar Indicadores:

- Añade el indicador Zig Zag al gráfico para identificar tendencias y puntos de giro.
- Incorpora el SAR Parabólico para confirmar las señales del Zig Zag.

2. Identificación de tendencias:
- Busca nuevos máximos en el Zig Zag para identificar tendencias alcistas (posiciones de compra).
- Busca nuevos mínimos en el Zig Zag para identificar tendencias bajistas (posiciones de venta).

4. Confirmación con SAR parabólico:
- Verifica que el SAR Parabólico confirme la dirección de la tendencia indicada por el Zig Zag.

5. Temporización de operaciones:
- Abre operaciones Call al inicio de una vela en tendencia alcista, coincidiendo con un nuevo máximo en el Zig Zag y confirmación del SAR Parabólico.
- Abre operaciones Put al inicio de una vela en tendencia bajista, coincidiendo con un nuevo mínimo en el Zig Zag y confirmación del SAR Parabólico.

6. Temporización de entradas:
- Considera abrir operaciones al comienzo de una vela para una entrada inmediata.
- Opcionalmente, espera un pequeño retroceso para entrar con mayor probabilidad de éxito.

7. Duración de las operaciones:
- Todas las operaciones deben tener un vencimiento de un minuto o al cierre de la misma vela en la que se abrió la operación.

8. Gestión del Capital:
   - Aplica una gestión de capital prudente para proteger tu inversión a largo plazo.

9. Práctica en Cuenta Demo:
   - Antes de operar en vivo, practica la estrategia en una cuenta demo para familiarizarte con las señales y ajustar tu enfoque según sea necesario.

10. Evaluar y Ajustar:
   - Realiza un seguimiento de tus operaciones y ajusta la estrategia según las condiciones del mercado y tu experiencia.

Recuerda que ninguna estrategia garantiza éxito absoluto en el trading. La disciplina, la gestión del capital y la consistencia en la ejecución son fundamentales para alcanzar resultados positivos a largo plazo. La estrategia **Zig Zag en Tendencia** ofrece un enfoque estructurado para aprovechar las tendencias del mercado de opciones binarias, adaptándose dinámicamente a las condiciones cambiantes.

"Una estrategia de trading es el puente entre la oportunidad y la realidad. Cruzarlo con cuidado asegura que cada paso te acerque a tus metas financieras."

ESTRATEGIA ZIGZAG EN TENDENCIA BAJISTA EN FOTO

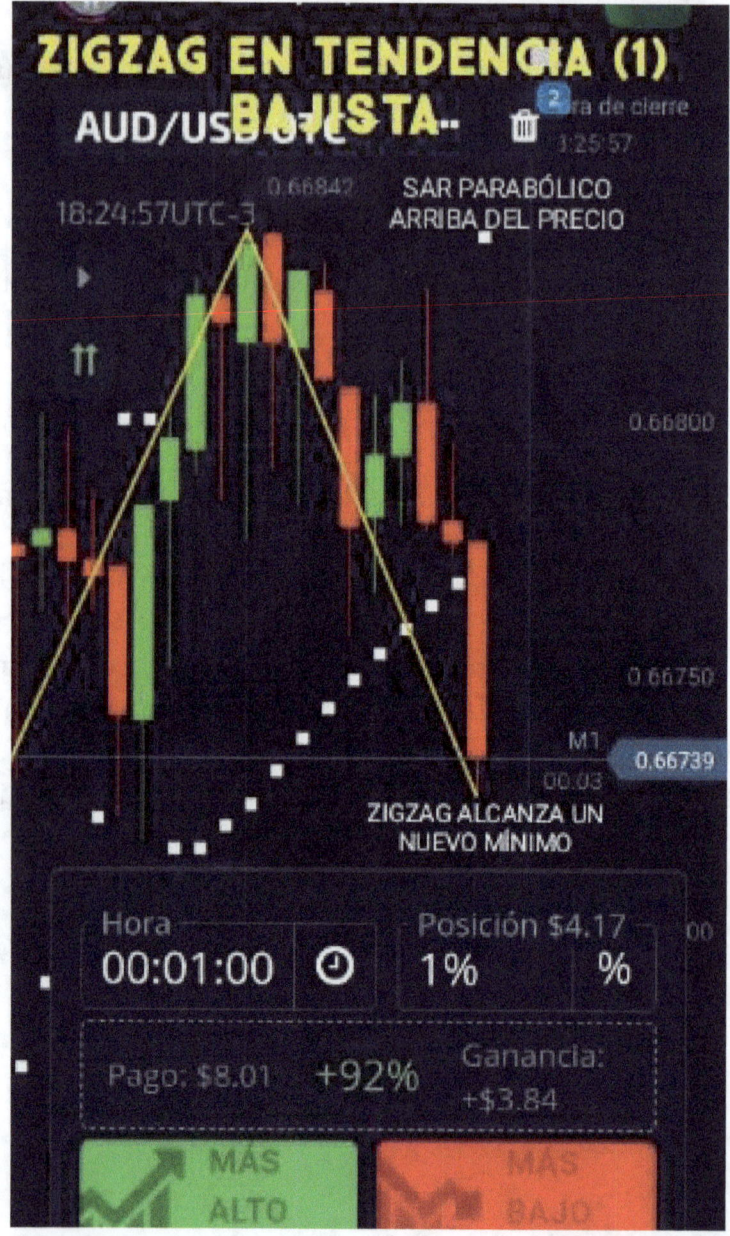

Aquí vemos como el precio alcanza un nuevo mínimo y el SAR PARABÓLICO se ubica por arriba de las velas confirmando la tendencia bajista para abrir una posible operación bajista.

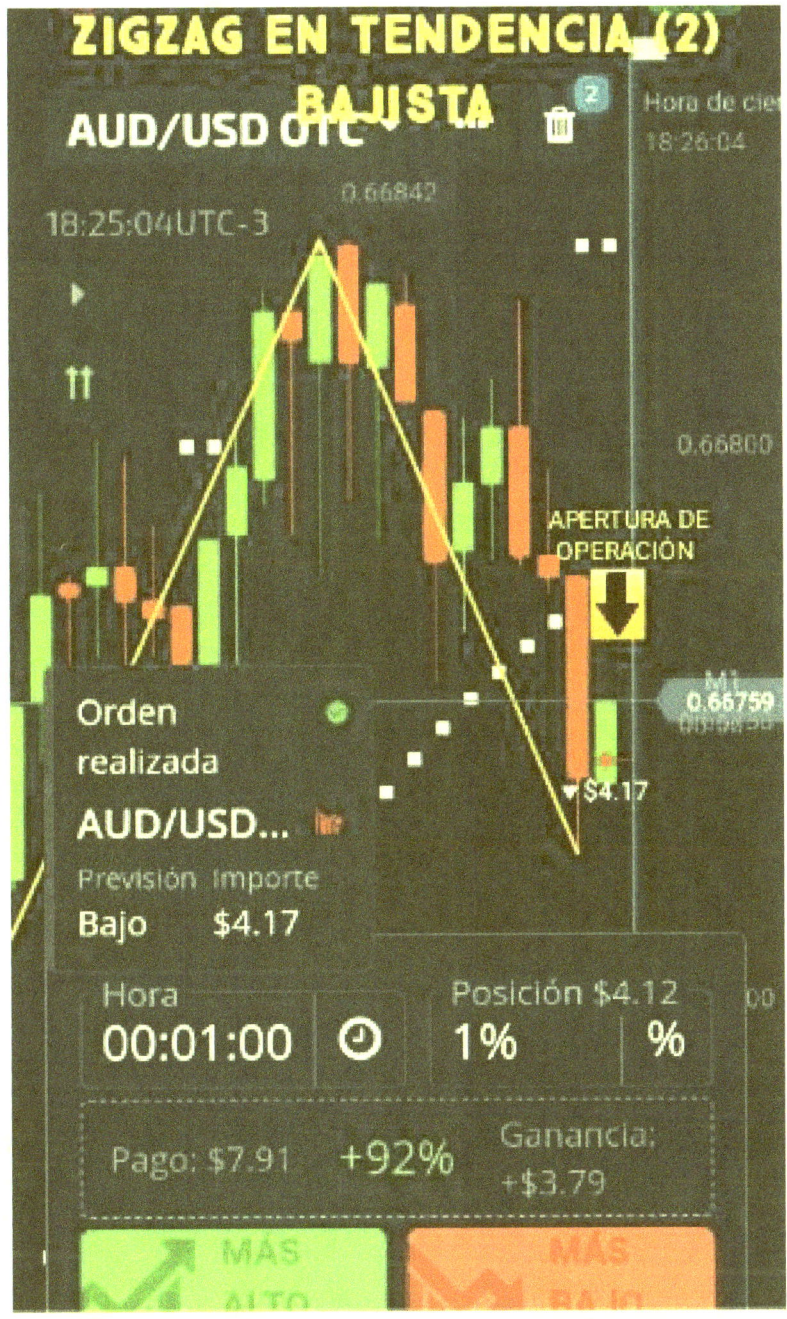

En la foto de arriba vemos que la operación se abre con un pequeño retroceso para una mejor entrada.

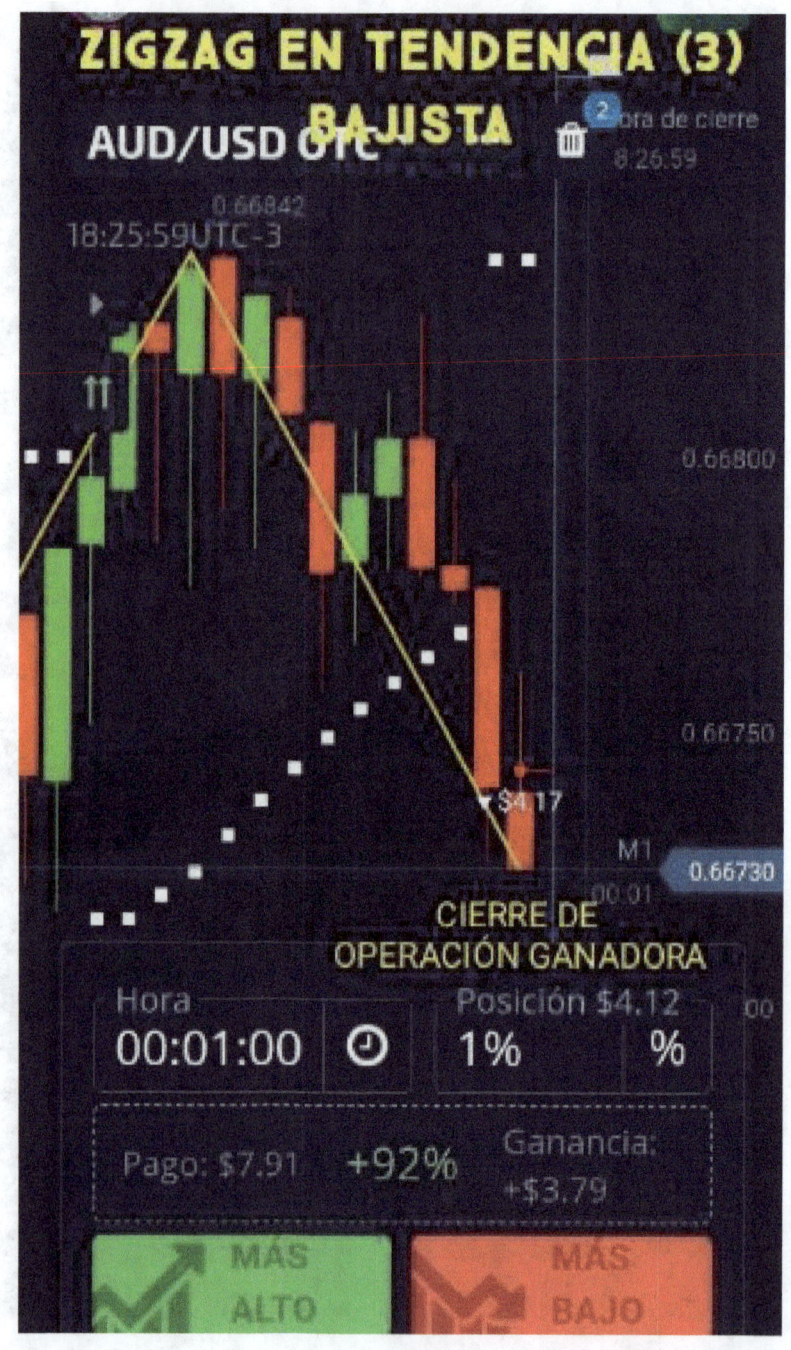

Aquí vemos como la operación esta a un segundo de cerrar ganadora.

ESTRATEGIA ZIGZAG EN TENDENCIA ALCISTA EN FOTO

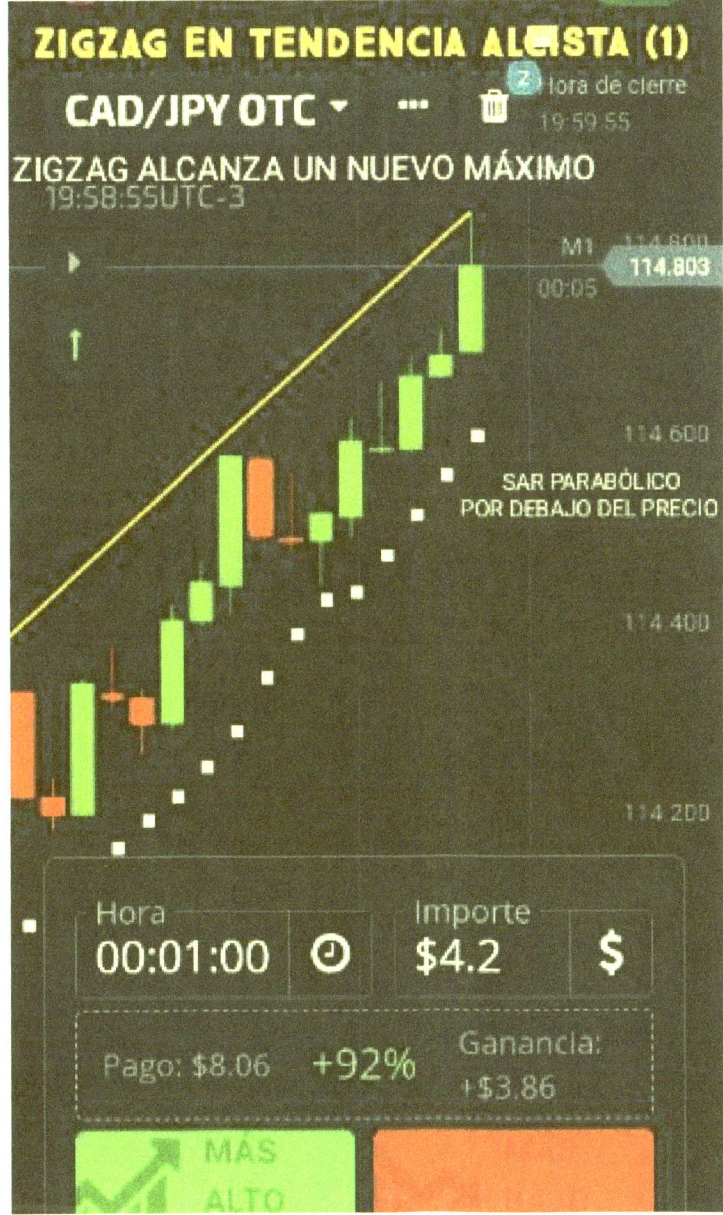

Aquí vemos como el precio alcanza un nuevo máximo y el SAR PARABÓLICO se ubica por debajo del precio o velas.

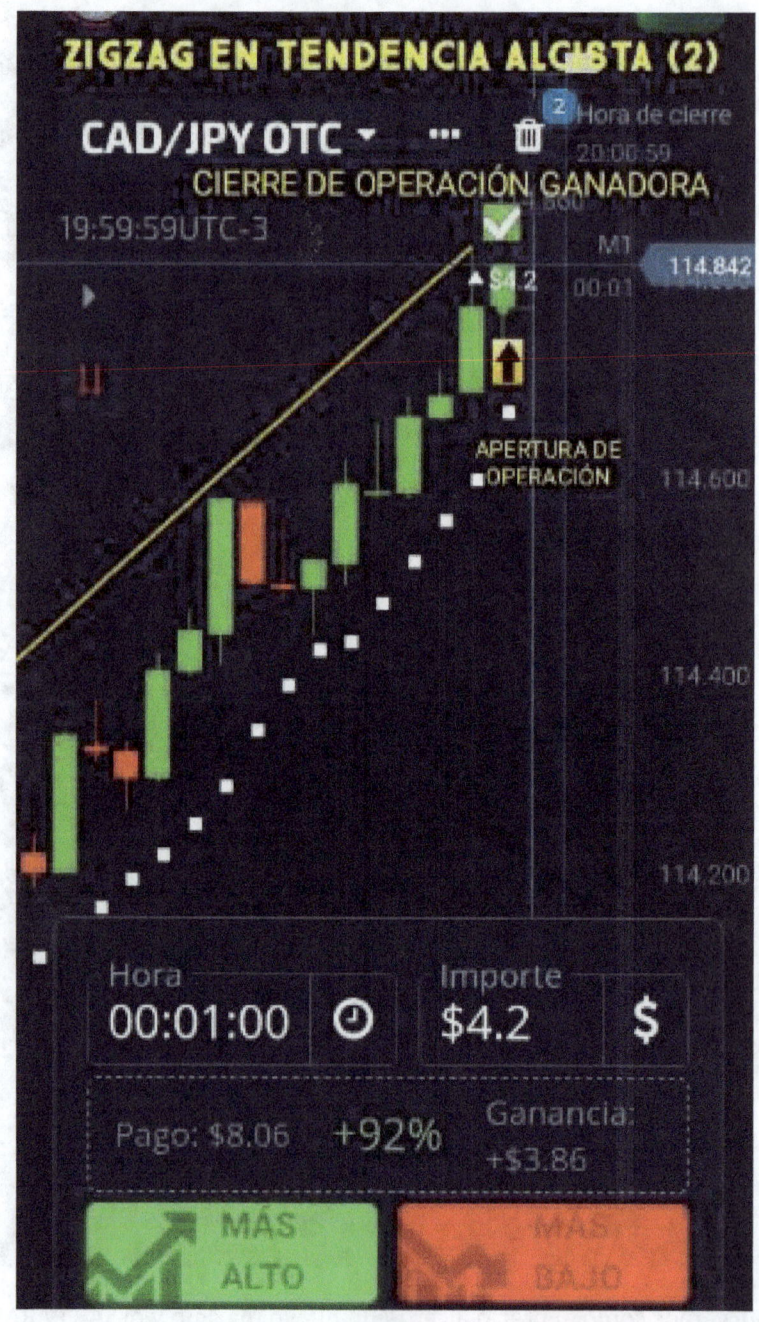

Aquí vemos como se cumple la estrategia del zigzag en tendencia alcista resultando la operación ganadora.

REALIZA TRADING DE FORMA PROFESIONAL CON EL DIARIO IQ TRADING TOTAL

DIARIO IQ TRADING TOTAL: REGISTRA, MEJORA, GANA MÁS Y ALCANZA LA RENTABILIDAD CON TU PROPIO DIARIO DE TRADING (CURSO IQ TRADING) (Spanish Edition): QUZ, IGOR: 9798677569098: Amazon.com: Books

CAPÍTULO 11: ESTRATEGIA ZIGZAG CONTRATENDENCIA

Fundamentación de la estrategia

La estrategia Zig Zag en Contratendencia se centra en operaciones de opciones binarias utilizando velas japonesas de 1 minuto y el indicador Zig Zag. Su objetivo principal es identificar oportunidades de trading en momentos clave de reversión de la tendencia predominante, basándose en la ausencia de nuevos máximos o mínimos en las últimas tres velas según el comportamiento del indicador Zig Zag.

Uso de los indicadores

- **Indicador Zig Zag (Desviación 3, Profundidad 6, Retroceso 2):** Utilizado para identificar patrones de precios que no alcanzan nuevos máximos (para operaciones Put) o nuevos mínimos (para operaciones Call) en las últimas tres velas.

- Confirmación de Operaciones: Se basa en la ausencia de estos nuevos extremos, señalando un posible cambio de tendencia.

Probabilidades de la estrategia

La estrategia busca aumentar la probabilidad de éxito al aprovechar las situaciones en las que la tendencia actual muestra debilidad y puede estar a punto de invertirse. Aunque ninguna estrategia garantiza el éxito absoluto, la aplicación disciplinada de reglas específicas puede mejorar sustancialmente las probabilidades.

Reglas básicas para mayor probabilidad de éxito

1. Posiciones de compra (Call):
   - Se abren cuando el Zig Zag, que venía descendiendo, no dibuja nuevos mínimos en las últimas tres velas.

2. Posiciones de venta (Put):
   - Se inician cuando el Zig Zag, que venía ascendiendo, no dibuja nuevos máximos en las últimas tres velas.

3. Operaciones de 2-3 minutos:
   - Todas las operaciones se abren con un vencimiento de dos o tres minutos.

4. Entrada al comienzo de una vela:
   - Se recomienda abrir las operaciones al inicio de una vela. Sin embargo, se permite esperar un pequeño retroceso para una entrada más efectiva y con mayor probabilidad de éxito.

Estrategias ganadoras y pérdidas

Todas las estrategias enfrentarán operaciones ganadoras y perdedoras. Para ser rentable a largo plazo, se necesita utilizar estrategias ganadoras y aplicar la ley de los grandes números. La gestión del capital, limitando las inversiones al 1 o 2% del capital inicial por operación, es fundamental para enfrentar las pérdidas inevitables y preservar el capital.

Guía paso a paso para aplicar la estrategia Zig Zag en contratendencia en opciones binarias

1. Configuración en la Plataforma de Trading:
   - Abre tu plataforma de trading y selecciona el activo en el que deseas operar.
   - Ajusta el marco temporal con velas japonesas de 1 minuto.

2. Indicadores necesarios:
   - Asegúrate de tener el indicador Zig Zag disponible en tu plataforma. Ajusta la configuración para que destaque claramente los máximos y mínimos relevantes.

3. Identificación de nuevos máximos o mínimos:
   - Observa el comportamiento del Zig Zag. Busca momentos en los que este indicador no dibuje nuevos máximos (para operaciones Put) o nuevos mínimos (para operaciones Call) en las últimas tres velas.

4. Confirmación con velas:
   - Asegúrate de que la falta de nuevos máximos o mínimos en el Zig Zag coincida con la ausencia de señales contradictorias en las velas japonesas. Observa que las velas respalden la posible inversión de la tendencia.

5. Selección del tiempo de vencimiento:
   - Abre operaciones con un vencimiento de dos o tres minutos, ya que estás buscando capturar posibles cambios de tendencia a corto plazo.

6. Momento de Apertura de Operaciones:
   - Considera abrir operaciones al comienzo de una vela para obtener una entrada temprana. No obstante, también puedes

esperar un pequeño retroceso para mejorar la probabilidad de éxito.

7. Gestión del Capital:
   - Limita las inversiones al 1 o 2% del capital inicial por operación para gestionar el riesgo de manera efectiva.

Recuerda que ninguna estrategia garantiza el éxito absoluto en el trading de opciones binarias. La consistencia, la disciplina y la gestión adecuada del riesgo son fundamentales para operar de manera rentable a largo plazo. La estrategia **Zig Zag en Contra Tendencia** ofrece un enfoque estructurado para capitalizar momentos críticos de posible inversión en la tendencia del mercado. La perseverancia y la adaptabilidad son esenciales para enfrentar los desafíos del mercado y buscar resultados positivos a largo plazo.

"En el mundo del trading, la improvisación es el enemigo del éxito. La verdadera maestría viene de una estrategia bien planeada y bien ejecutada."

ESTRATEGIA ZIGZAG EN CONTRATENDENCIA BAJISTA

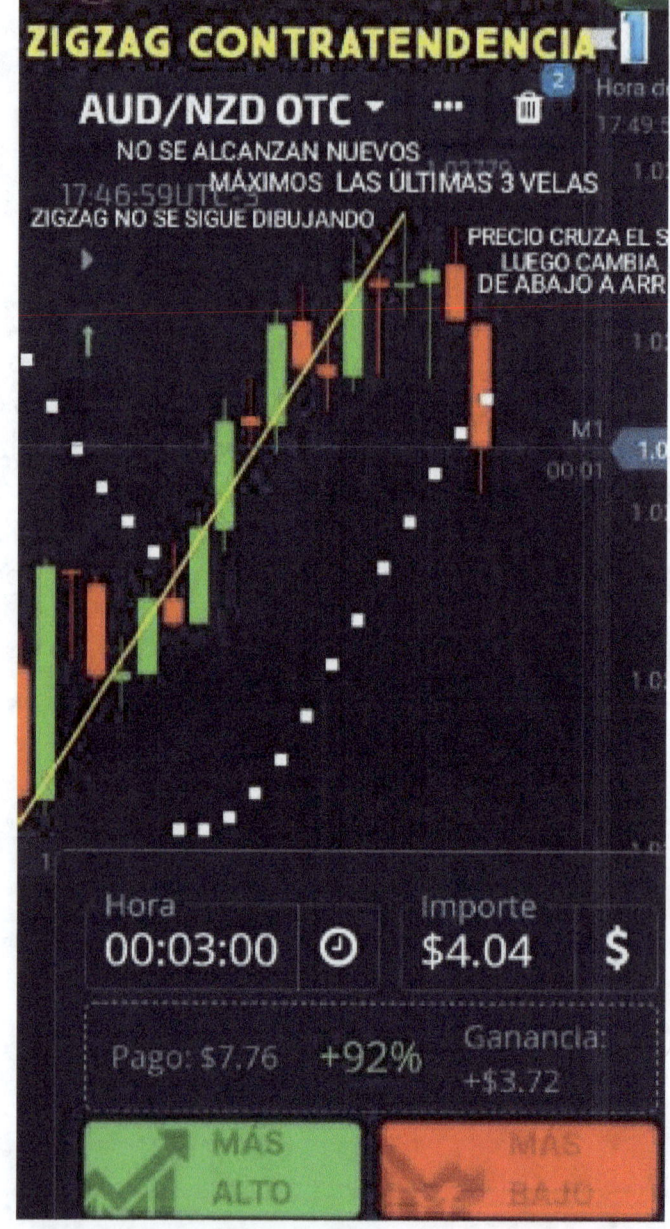

Aquí vemos que el zigzag no sigue dibujándose, no se alcanzan nuevos máximos en las ultimas tres velas y el precio cruza al SAR parabólico de arriba hacia abajo

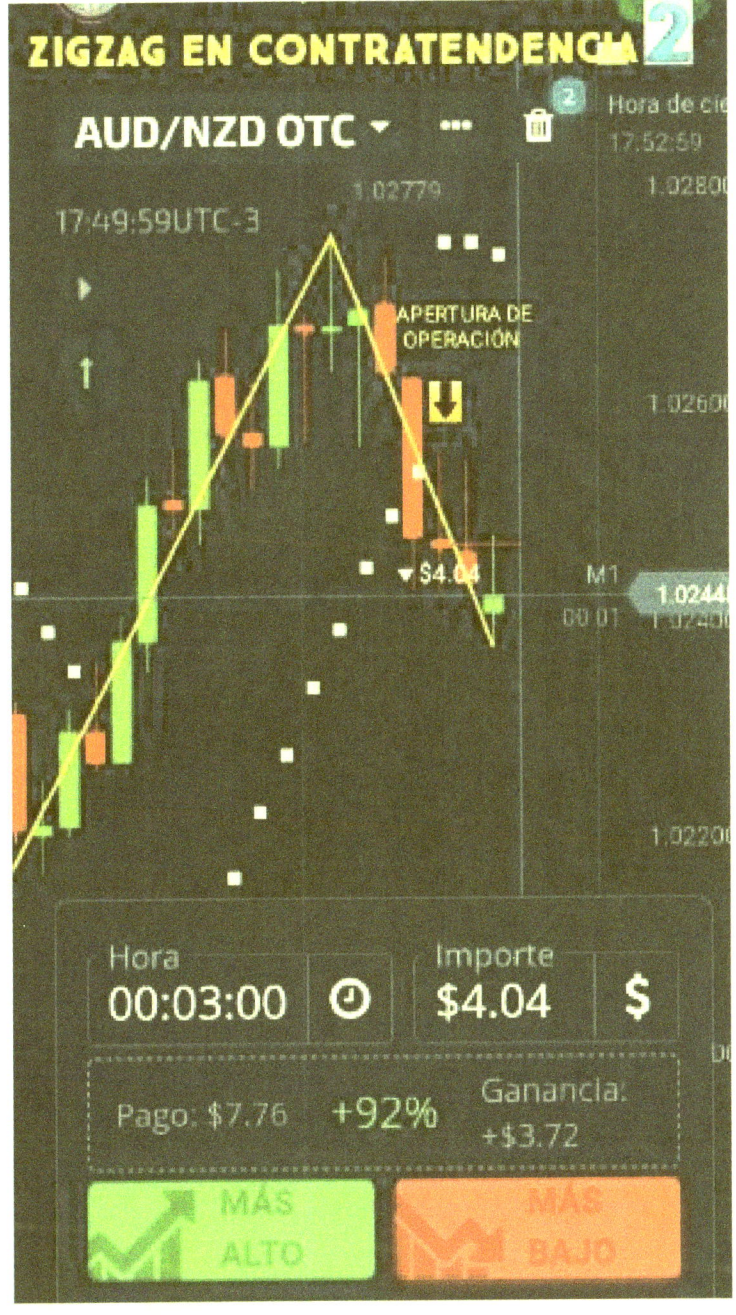

Se abre operación bajista a tres minutos de vencimiento.

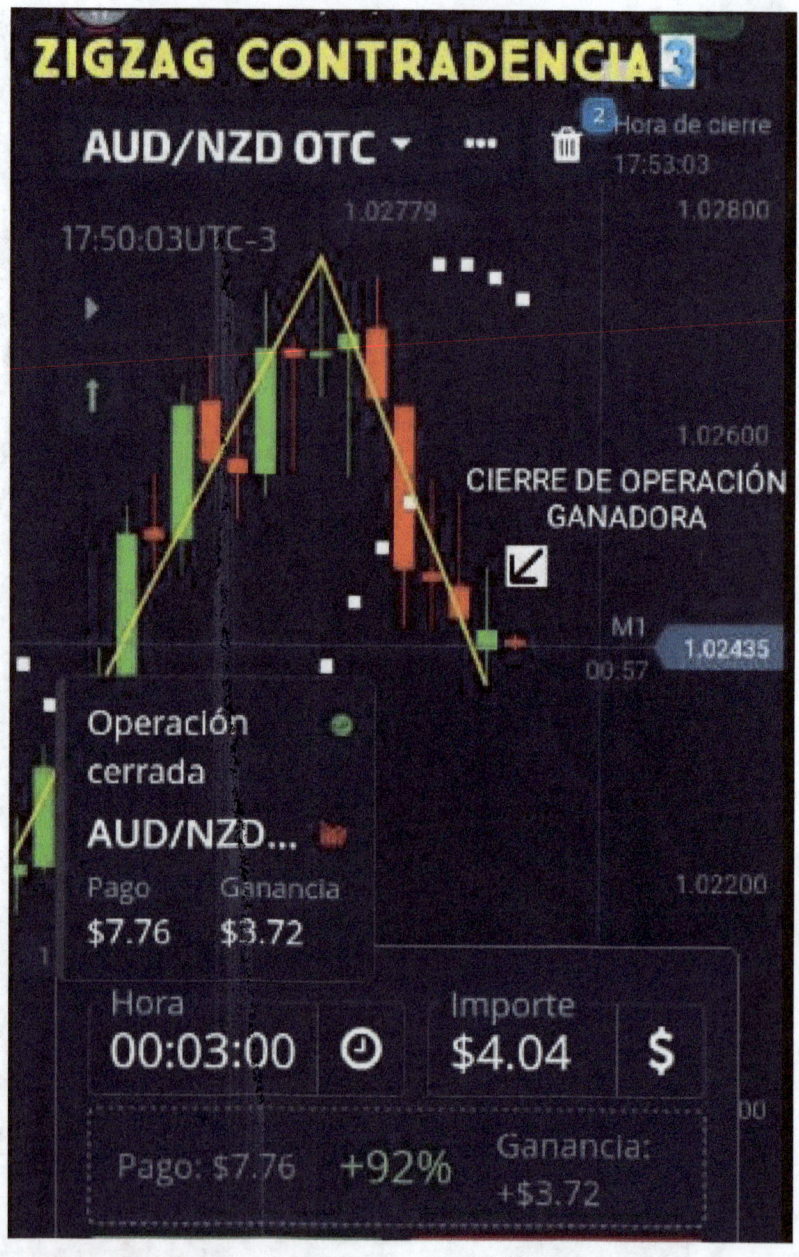

Aquí vemos como se cumple la estrategia zigzag en contratendencia bajista y la operación resulta ganadora

ESTRATEGIA ZIGZAG EN CONTRATENDENCIA ALCISTA EN FOTO

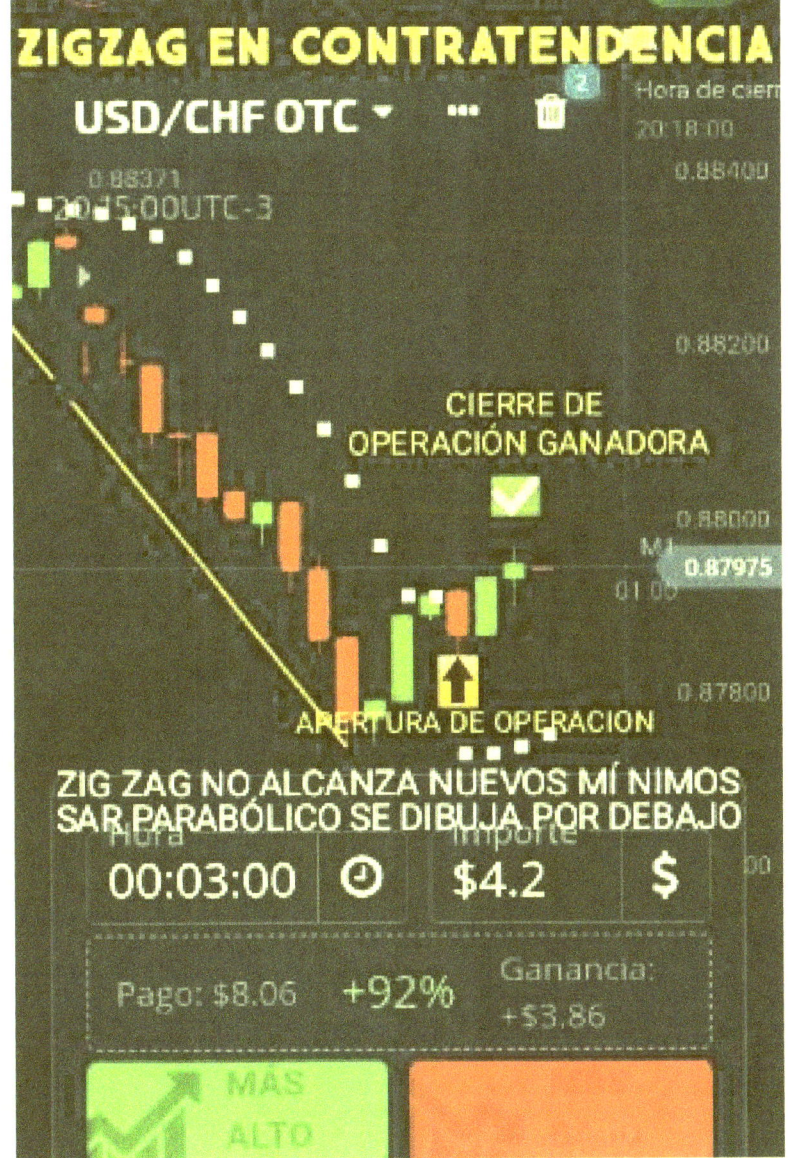

Aquí vemos como se cumple la estrategia de zigzag en contratendencia alcista , no se alcanzan nuevos mínimos en las últimas tres velas y se abre una operación alcista a 3 minutos de vencimiento y existe una reversión del precio del activo y la operación resulta ganadora.

DISFRUTA NUESTRO LANZAMIENTO DISPONIBLE EN AMAZON:

CURSO IQ TRADING Módulo 1 ¿Cómo ganar en el trading de opciones binarias?: Guía definitiva para ser rentable antes de comenzar a operar en real (Spanish Edition): Quz, Igor: 9798673291566: Amazon.com: Books

CAPÍTULO 12: ESTRATEGIA RUTA 24

Fundamentación de la estrategia

La estrategia **RUTA 24** se basa en el uso de una media móvil exponencial (EMA) de 24 períodos como referencia principal para identificar la tendencia del mercado y abrir operaciones. Puede utilizarse a cualquier hora del día, siempre que se cumplan las condiciones necesarias para abrir operaciones. Esta estrategia se enfoca en aprovechar las tendencias alcistas o bajistas operando cerca de la EMA de 24 períodos y confirmando las operaciones con el indicador fractal periodo 2.

Configuración de indicadores

Para aplicar la estrategia RUTA 24, solo necesitas configurar una EMA de 24 períodos y el fractal:

- **Media móvil exponencial (EMA)**:

- **EMA de 24 períodos**: Esta EMA actúa como referencia para determinar la tendencia del mercado, debe tener una dirección clara hacia arriba o hacia abajo.
- **Fractal (Periodo 2)**: El fractal sirve para confirmar el inicio de una tendencia alcista o bajista para mayor seguridad en las operaciones.

Procedimiento operativo

Opciones operativas:

- **Operar en tendencia alcista**:
    - El precio debe estar por encima de la EMA de 24 períodos.
    - La EMA de 24 períodos debe estar claramente dirigida hacia arriba.
    - Abre operaciones de compra (CALL) cuando el precio se ubique bien cerca de la EMA de 24 períodos (tocando la media, un poco más arriba o abajo).
    - Confirma las operaciones alcistas si el ultimo fractal es inferior y se ubica por debajo de las velas japonesas.
    - Inicia un ciclo de operaciones CALL de 1 minuto al comienzo de cada vela. Continúa abriendo operaciones de 1 minuto mientras se ganen y detén el ciclo en la primera pérdida, siempre y cuando la vela perdedora envuelva al menos un 50% de la última vela ganadora.
- **Operar en tendencia bajista**:
    - El precio debe estar por debajo de la EMA de 24 períodos.

- La EMA de 24 períodos debe estar claramente dirigida hacia abajo.
- Confirma las operaciones bajistas si el ultimo fractal es superior y se ubica por arriba de las velas japonesas.
- Abre operaciones de venta (PUT) cuando el precio se ubique bien cerca de la EMA de 24 períodos (tocando la media, un poco más abajo o arriba).
- Inicia un ciclo de operaciones PUT de 1 minuto al comienzo de cada vela. Continúa abriendo operaciones de 1 minuto mientras se ganen y detén el ciclo en la primera pérdida, siempre y cuando la vela perdedora envuelva al menos un 50% de la última vela ganadora.

Cierre predeterminado:

- Todas las operaciones tienen un vencimiento de 1 minuto.

Gestión monetaria y consejos prácticos

- Utiliza un porcentaje del 1% al 2% del capital por operación.
- Descansa al menos 4 horas entre sesiones y evita operar más allá de este límite diario.

Guía paso a paso para aplicar la estrategia 24 HORAS en opciones binarias

La estrategia 24 HORAS se centra en identificar y capitalizar tendencias del mercado mediante una media móvil exponencial (EMA) de 24 períodos en operaciones con un vencimiento de 1 minuto. Aquí tienes una guía detallada para aplicar esta estrategia:

Paso 1: Configuración de gráficos

- Abre tu plataforma de trading y selecciona el activo con el que deseas operar.
- Usa activos que paguen al menos 87% de beneficios.
- Configura el marco temporal del gráfico con velas japonesas.

Paso 2: Añadir indicadores

- Agrega la media móvil exponencial (EMA) de 24 períodos al gráfico.
- Agrega el indicador Fractal periodo 2

Paso 3: Identificación de tendencia

- **Tendencia alcista**:
    - El precio debe estar por encima de la EMA de 24 períodos.
    - La EMA de 24 períodos debe estar claramente dirigida hacia arriba.
    - El ultimo fractal debe ser inferior ubicándose por debajo de las velas.
- **Tendencia bajista**:
    - El precio debe estar por debajo de la EMA de 24 períodos.
    - La EMA de 24 períodos debe estar claramente dirigida hacia abajo.
    - El ultimo fractal debe ser superior ubicándose por encima de las velas.

Paso 4: Ejecución de operaciones

- **Operar en tendencia alcista**:
    - Abre una operación de compra (CALL) cuando el precio se ubique cerca de la EMA de 24 períodos (tocando la media, un poco más arriba o debajo).
    - Confirma la operación si el ultimo fractal es inferior, ubicado debajo de las velas.
    - Asegúrate de que la operación tenga un vencimiento de 1 minuto.
    - Inicia un ciclo de operaciones CALL de 1 minuto al comienzo de cada vela. Continúa abriendo operaciones de 1 minuto mientras se ganen y detén el ciclo en la primera pérdida, siempre y cuando la vela perdedora envuelva un 50% del tamaño de la última vela ganadora.
- **Operar en tendencia bajista**:
    - Abre una operación de venta (PUT) cuando el precio se ubique cerca de la EMA de 24 períodos (tocando la media, un poco más abajo o arriba).
    - Confirma la operación si el ultimo fractal es superior, ubicado arriba de las velas.
    - Garantiza que la operación tenga un vencimiento de 1 minuto.
    - Inicia un ciclo de operaciones PUT de 1 minuto al comienzo de cada vela. Continúa abriendo operaciones de 1 minuto mientras se ganen y detén el ciclo en la primera pérdida.

Paso 5: Gestión monetaria y práctica responsable

- Utiliza un porcentaje del 1% al 2% de tu capital por operación.

- Descansa al menos 4 horas entre sesiones para mantener la claridad mental.
- Establece límites diarios para evitar sobreoperar y preservar tu capital.

Recuerda practicar en una cuenta demo antes de operar con dinero real. La consistencia y la disciplina son clave para el éxito a largo plazo.

Conclusión

La estrategia **RUTA 24** se basa en la tendencia dibujada por una media móvil exponencial de 24 períodos confirmada con el indicador fractal para identificar y aprovechar las tendencias del mercado. Su aplicación es sencilla y se enfoca en maximizar ganancias y minimizar riesgos operando siempre a favor de la tendencia cerca de la EMA de 24 períodos. La práctica diligente, la gestión del capital y la disciplina son esenciales para el éxito a largo plazo.

"Cada estrategia de trading es una promesa a ti mismo: una promesa de seguir un camino claro, de gestionar riesgos y de buscar oportunidades con confianza."

ESTRATEGIA RUTA 24 ALCISTA EN FOTO

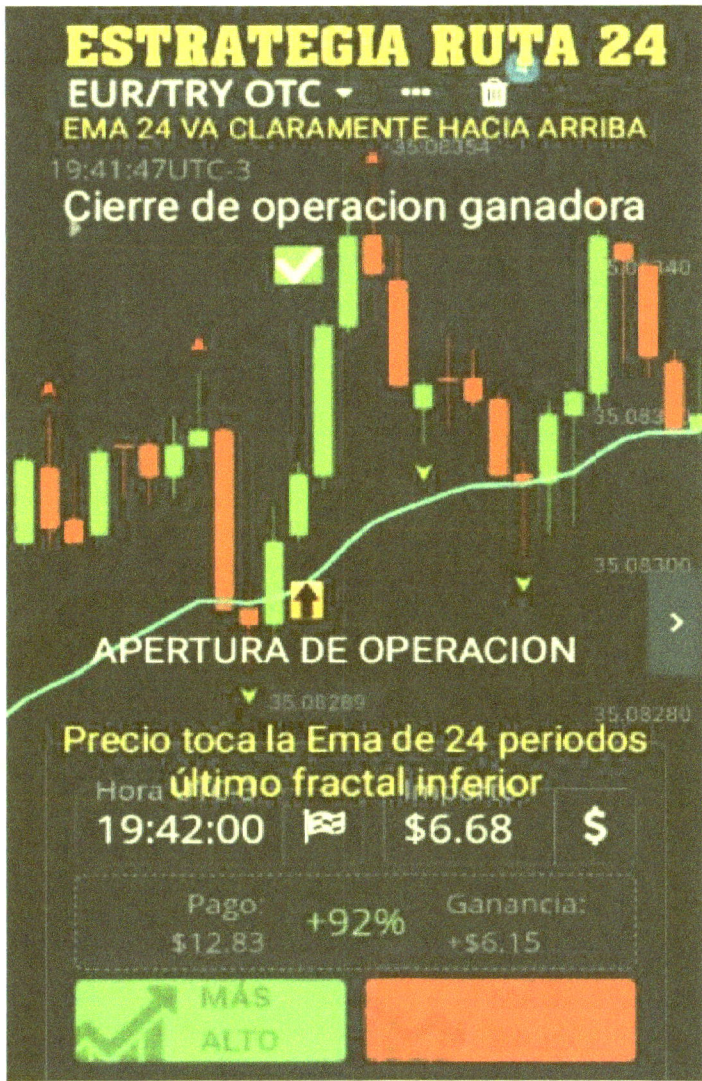

Aquí vemos como se cumple la estrategia RUTA 24 ALCISTA a la perfección: el precio se venia dibujando por arriba de la EMA indicando una tendencia alcista y luego toca la EMA de 24 periodos dándonos la primer señal para abrir operaciones, estas se confirman con el ultimo fractal inferior que se ubica abajo de las velas y como observamos en el grafico existe un ciclo de tres operaciones ganadas consecutivas hasta encontrar la primer perdida.

ESTRATEGIA RUTA 24 BAJISTA EN FOTO

Aquí vemos como se cumple la estrategia RUTA 24 a la perfección: el precio se venia dibujando por debajo de la EMA indicando una tendencia bajista y luego toca la EMA de 24 periodos dándonos la primer señal para abrir operaciones, estas se confirman con el ultimo fractal superior que se ubica arriba de las velas y como observamos en el grafico existe un ciclo de varias operaciones ganadas consecutivas (6 operaciones seguidas de un minuto) hasta encontrar la primer perdida.

DISFRUTA NUESTRO LANZAMIENTO DISPONIBLE EN AMAZON

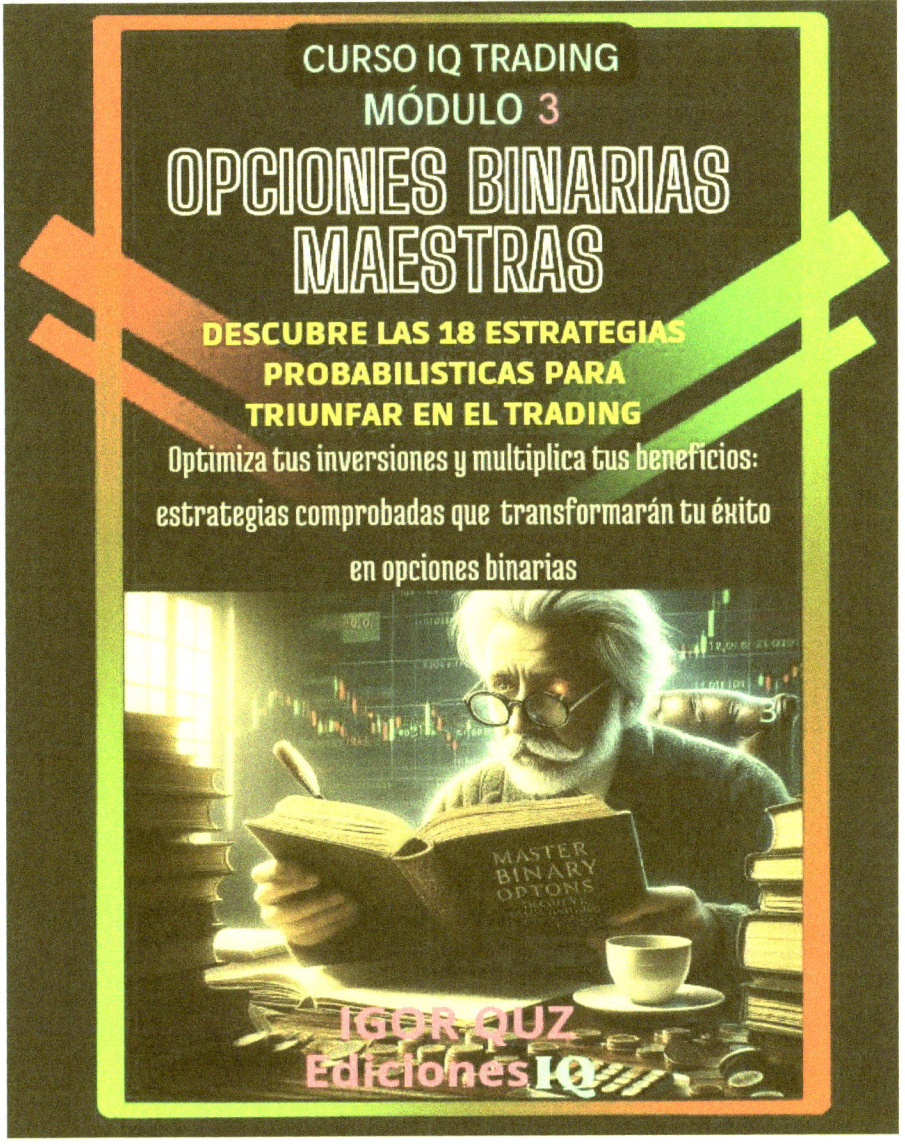

Amazon.com: "OPCIONES BINARIAS MAESTRAS" 18 ESTRATEGIAS PROBABILÍSTICAS PARA TRIUNFAR: Optimiza tus inversiones, alcanza el éxito y multiplica tus beneficios con estrategias ... (CURSO IQ TRADING) (Spanish Edition) eBook : Quz, Igor: Tienda Kindle

CAPÍTULO 13: ESTRATEGIA RUTA 1260

Fundamentación de la estrategia

La estrategia "Ruta 1260" utiliza tres medias móviles exponenciales (EMAs) con periodos de 10, 20 y 60, representadas por los colores verde, amarillo y rojo respectivamente. Además, se integra el indicador SAR Parabólico para confirmar las señales de entrada. La combinación de estas herramientas proporciona señales claras para operaciones de opciones binarias, enfocándose en aprovechar las tendencias del mercado.

Explicación del uso de indicadores

- Medias Móviles (EMAs):
  - EMA 10 (Verde): Indica la tendencia a corto plazo.
  - EMA 20 (Amarilla): Refleja la tendencia a medio plazo.
  - EMA 60 (Roja): Representa la tendencia a largo plazo.

- SAR Parabólico (Aceleraciones 0,02 - Aceleración máxima 0,2):
  - Confirma las operaciones CALL cuando está por debajo del precio.
  - Confirma las operaciones PUT cuando está por encima del precio.

Operación y momento de apertura

- Operaciones CALL (Sube):
  - Las tres EMAs deben estar ascendiendo, con la EMA 10 sobre la EMA 20 y 60. (Las tres Emas deben dirigirse claramente hacia arriba).
  - El SAR Parabólico debe estar por debajo del precio.
  - Abre operaciones CALL con vencimiento de un minuto al inicio de una vela o después de un pequeño retroceso para mayor precisión.

- Operaciones PUT (Baja):
  - Las tres EMAs deben estar descendiendo, con la EMA 10 por debajo de la EMA 20 y 60. (Las tres Emas deben dirigirse claramente hacia abajo).
  - El SAR Parabólico debe estar por encima del precio.
  - Abre operaciones PUT con vencimiento de un minuto al inicio de una vela o después de un pequeño retroceso para una entrada más precisa.

Confirmación de operaciones

- Evita abrir operaciones si no se cumplen las condiciones específicas de las EMAs y el SAR Parabólico.

Consideraciones importantes

- Practica la estrategia en una cuenta demo para familiarizarte con la dinámica de las medias móviles y el SAR Parabólico.
- Implementa una gestión de capital prudente, arriesgando entre el 1% y 2% del capital inicial por operación.
- Reconoce que las pérdidas son parte del trading y ajusta el tamaño de las operaciones para preservar el capital a largo plazo.

Guía paso a paso para usar la estrategia "Ruta 1260"

1. Configuración de la plataforma de trading:
   - Accede a una plataforma que permita utilizar EMAs y el indicador SAR Parabólico.

2. Selección del activo y marco temporal:
   - Elige el activo y ajusta el marco temporal a un minuto para operar con velas japonesas de corto plazo.

3. Configuración de medias móviles y SAR parabólico:
   - Añade las EMAs de 10 (verde), 20 (amarillo) y 60 (rojo) a tu gráfico.
   - Incorpora el indicador SAR Parabólico con ajustes de aceleración.

4. Interpretación de las medias móviles:
   - Observa la dirección de las EMAs para determinar la tendencia del mercado.

5. Confirmación con SAR Parabólico:
   - Verifica que el SAR Parabólico confirme la dirección de la tendencia según el tipo de operación que estés considerando.

6. Momento de apertura de operaciones:
   - Para operaciones CALL, asegúrate de que todas las EMAs apunten hacia arriba y el SAR Parabólico esté posicionado correctamente.
   - Para operaciones PUT, verifica que todas las EMAs apunten hacia abajo y el SAR Parabólico valide la señal.

7. Confirmación Final:
   - Antes de abrir cualquier operación, asegúrate de que todos los criterios se cumplan de manera consistente.

8. Consideraciones Importantes:

- No te precipites en abrir operaciones si no hay concordancia entre las EMAs y el SAR Parabólico con respecto al precio o las velas japonesas.
- Practica y ajusta la estrategia según tu experiencia y el comportamiento del mercado.

La estrategia **"Ruta 1260"** se basa en una observación detallada de las tendencias a corto, medio y largo plazo a través de las EMAs, respaldada por la confirmación del SAR Parabólico para tomar decisiones informadas en el trading de opciones binarias. Recuerda que ninguna estrategia garantiza ganancias consistentes y la disciplina en la gestión del riesgo es esencial para el éxito a largo plazo.

"Las estrategias no son restricciones; son liberaciones. Te liberan del caos del mercado, proporcionando claridad y dirección."

ESTRATEGIA RUTA 1260 BAJISTA

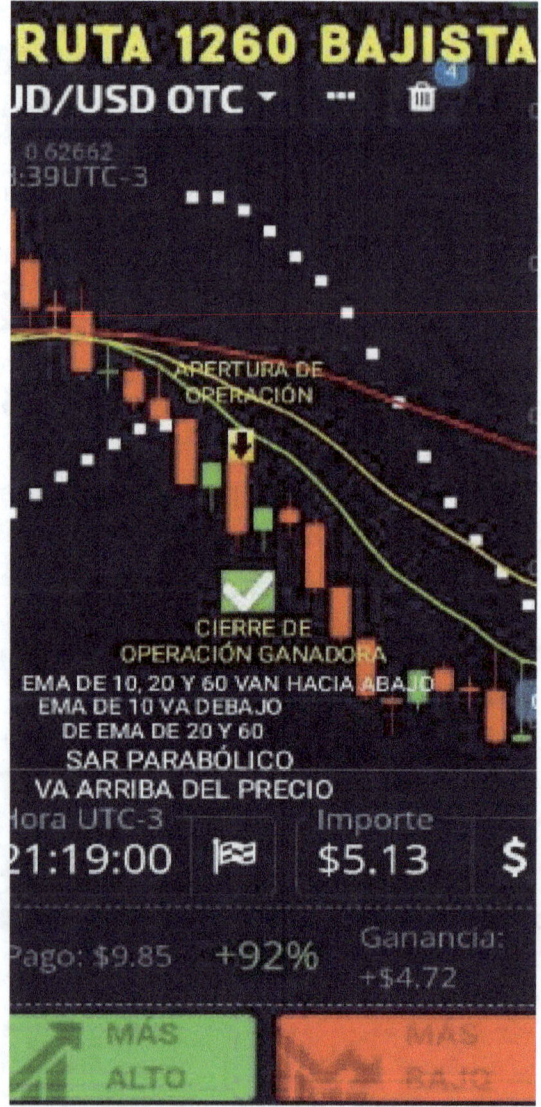

Aquí vemos como se cumplen los parámetros de las tres medias móviles apuntando hacia abajo ubicándose en orden con la EMA de 10 periodos verde por debajo de la EMA de 20 amarilla y ambas por debajo de la EMA de 60 roja, adicionalmente el SAR parabólico confirma la operación ubicándose por arriba de las velas y la estrategia RUTA 1260 BAJISTA resulta ganadora.

ESTRATEGIA RUTA 1260 ALCISTA EN FOTO

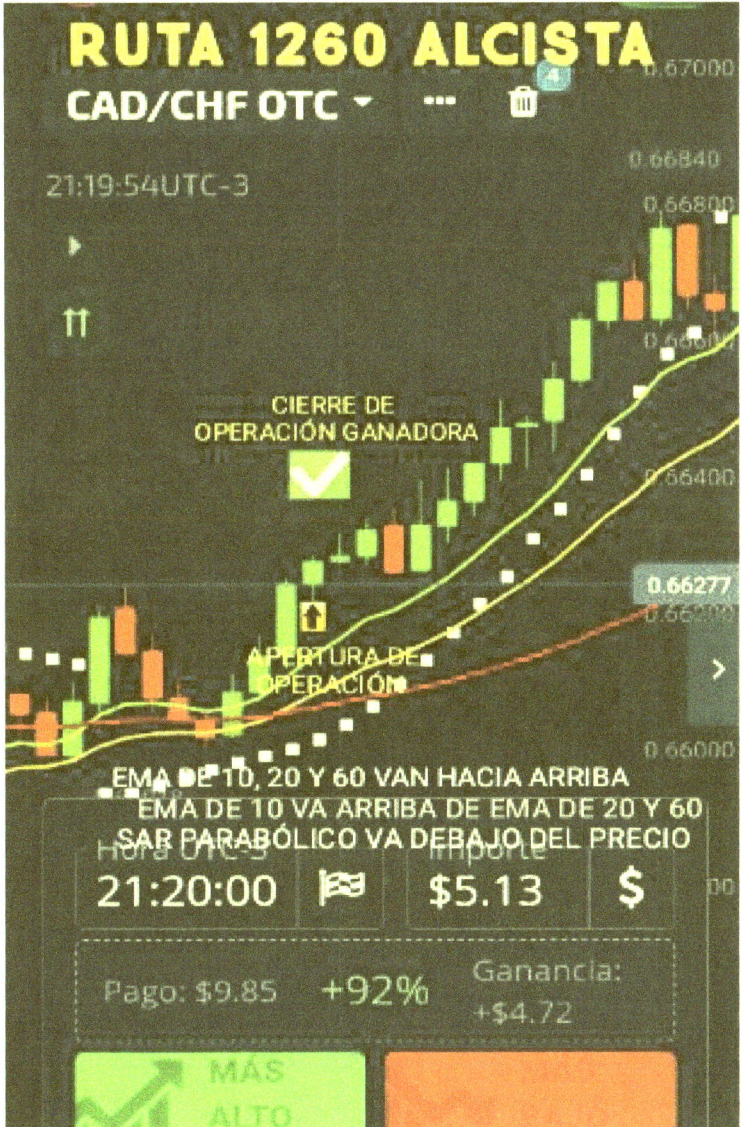

Aquí vemos como se cumplen los parámetros de las tres medias móviles apuntando hacia arriba ubicándose en orden con la EMA de 10 periodos verde por arriba de la EMA de 20 amarilla y ambas por arriba de la EMA de 60 roja, adicionalmente el SAR parabólico confirma la operación ubicándose por abajo de las velas y la estrategia RUTA 1260 ALCISTA resulta ganadora.

APRENDE A DISEÑAR UN PLAN DE TRADING RENTABLE CON NUESTRO NUEVO EBOOK DISPONIBLE EN AMAZON

Amazon.com: ¿CÓMO DISEÑAR UN PLAN DE TRADING RENTABLE?: GUÍA COMPLETA PASO A PASO PARA LOGRAR EL ÉXITO DEFINITIVO (Spanish Edition) eBook : QUZ, IGOR: Kindle Store

CAPÍTULO 14: ESTRATEGIA CRUCE 1260

Fundamentación de la estrategia

La estrategia **"Cruce 1260"** se basa en tres medias móviles exponenciales (EMAs) con periodos de 10, 20 y 60, identificadas por los colores verde, amarillo y rojo respectivamente. Además, se utiliza el indicador SAR Parabólico para confirmar cambios de tendencia. Al analizar las EMAs y su interacción con el SAR Parabólico, se generan señales claras para abrir operaciones.

Explicación de los indicadores

Medias Móviles Exponenciales (EMAs):

- **EMA 10 (Verde):** Indica la tendencia a corto plazo.
- **EMA 20 (Amarilla):** Representa la tendencia a mediano plazo.
- **EMA 60 (Roja):** Refleja la tendencia a largo plazo.

SAR Parabólico (Aceleraciones 0,02, Aceleración máxima 0,2):

- **Confirmación de operaciones:** Se usa para validar la tendencia. Indica una señal de compra (CALL) si está por debajo del precio y una señal de venta (PUT) si está por encima.

Operación y momento de apertura

Operaciones CALL (Sube):

- Las tres EMAs deben dirigirse claramente hacia abajo, con la EMA 10 por debajo de la EMA 20 y 60.
- La EMA 10 debe cambiar de dirección y cruzar hacia arriba las EMAs de 20 y 60.
- El SAR Parabólico debe estar por debajo del precio.
- Abrir operaciones CALL con un vencimiento de dos o tres minutos al inicio de una vela o esperar un pequeño retroceso para una entrada más precisa.

Operaciones PUT (Baja):

- Las tres EMAs deben dirigirse hacia arriba, con la EMA 10 por encima de la EMA 20 y 60.
- La EMA 10 debe cambiar de dirección y cruzar hacia abajo las EMAs de 20 y 60.
- El SAR Parabólico debe estar por encima del precio.
- Abrir operaciones PUT con un vencimiento de dos o tres minutos al inicio de una vela o esperar un pequeño retroceso para una entrada más precisa.

Confirmación de operaciones

- No abrir operaciones si no se cumplen los cruces y direcciones de las medias móviles mencionadas, y si el SAR Parabólico no confirma la posible operación.

Consideraciones importantes

- Practica en una cuenta demo debido a la naturaleza dinámica de las medias móviles y el SAR Parabólico.
- Evitar abrir operaciones si no hay concordancia en los cruces de las medias, y el SAR Parabólico no está correctamente posicionado con respecto al precio o a las velas.

Gestión del capital

- Aplica una gestión de capital prudente, invirtiendo entre el 1% y 2% del capital inicial por operación.
- Reconoce que las pérdidas son inevitables y ajusta el tamaño de las operaciones para preservar el capital a largo plazo.

Guía paso a paso para utilizar la estrategia "Cruce 1260"

1. **Configuración de la plataforma de trading:**
   - Asegúrate de tener acceso a una plataforma que permita el uso de medias móviles exponenciales y el SAR Parabólico.
2. **Selecciona el activo y el marco temporal:**
   - Elige el activo en el que deseas operar y selecciona un marco temporal basado en velas japonesas de 1 minuto.
   - Usa activos que paguen al menos un 87% de beneficios.
3. **Configuración de medias móviles y SAR Parabólico:**
   - Añade las EMAs de 10 (verde), 20 (amarillo) y 60 (rojo) a tu gráfico.
   - Incorpora el indicador SAR Parabólico.

4. **Interpretación de las medias móviles:**
   - **Operaciones CALL:** La EMA 10 debe estar por debajo de la EMA 20 y 60, y cambiar de dirección hacia arriba.
   - **Operaciones PUT:** La EMA 10 debe estar por encima de la EMA 20 y 60, y cambiar de dirección hacia abajo.
5. **Confirmación con el SAR Parabólico:**
   - **Operaciones CALL:** El SAR Parabólico debe estar por debajo del precio.
   - **Operaciones PUT:** El SAR Parabólico debe estar por encima del precio.
6. **Operaciones de contratendencia CALL:**
   - Espera a que las EMAs se dirijan hacia abajo.
   - La EMA 10 debe cambiar de dirección y cruzar hacia arriba las EMAs de 20 y 60.
   - El SAR Parabólico debe estar por debajo del precio.
   - Abre operaciones CALL con un vencimiento de dos o tres minutos al inicio de una vela o después de un pequeño retroceso.
7. **Operaciones de contratendencia PUT:**
   - Espera a que las EMAs se dirijan hacia arriba.
   - La EMA 10 debe cambiar de dirección y cruzar hacia abajo las EMAs de 20 y 60.
   - El SAR Parabólico debe estar por encima del precio.
   - Abre operaciones PUT con un vencimiento de dos o tres minutos al inicio de una vela o después de un pequeño retroceso.
8. **Confirmación final:**
   - Antes de abrir cualquier operación, asegúrate de que se cumplan todos los criterios, incluyendo la confirmación del SAR Parabólico.
9. **Consideraciones importantes:**

- No operes si no hay concordancia en los cruces de las medias y el SAR Parabólico no está correctamente posicionado.
- Practica la estrategia en una cuenta demo antes de operar con dinero real.

10. **Gestión del capital:**
    - Utiliza una gestión de capital prudente, invirtiendo entre el 1% y 2% del capital inicial por operación.
    - Ajusta el tamaño de las operaciones para preservar el capital a largo plazo.

11. **Evaluación y ajuste continuo:**
    - Evalúa regularmente el desempeño de la estrategia.
    - Realiza ajustes según sea necesario, considerando cambios en las condiciones del mercado.

La estrategia **"Cruce 1260"** ofrece una aproximación estructurada y disciplinada al trading, basada en el análisis cuidadoso de las medias móviles y el SAR Parabólico. La práctica diligente, la gestión del capital y la disciplina son claves para el éxito a largo plazo. Recuerda que ninguna estrategia garantiza ganancias consistentes; sin embargo, con una ejecución disciplinada, puedes mejorar tus probabilidades de éxito.

"El verdadero poder en el trading viene de la preparación. Con una estrategia adecuada, transformas el miedo a lo desconocido en confianza en lo conocido."

ESTRATEGIA CRUCE 1260 ALCISTA EN FOTO

Aquí vemos como la media móvil Ema de 10 periodos cruza hacia arriba la Ema de 20 y luego la Ema de 60 periodos, la operación se confirma con el SAR parabólico ubicado por debajo de las velas y la estrategia CRUCE 1260 ALCISTA se cumple y la operación resulta ganadora

ESTRATEGIA CRUCE 1260 BAJISTA EN FOTO

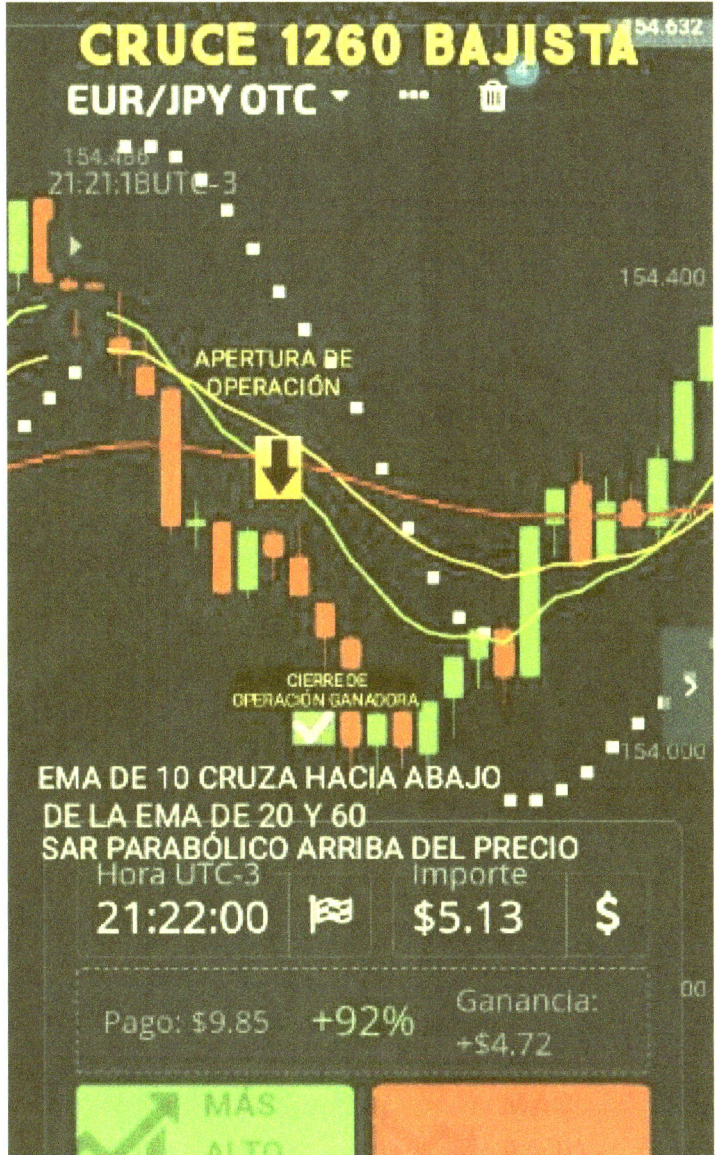

Aquí vemos como la media móvil Ema de 10 periodos cruza hacia abajo la Ema de 20 y luego la Ema de 60 periodos, la operación se confirma con el SAR parabólico ubicado por arriba de las velas y la estrategia CRUCE 1260 BAJISTA se cumple y la operación resulta ganadora

DISFRUTA NUESTRO NUEVO LANZAMIENTO EN AMAZON

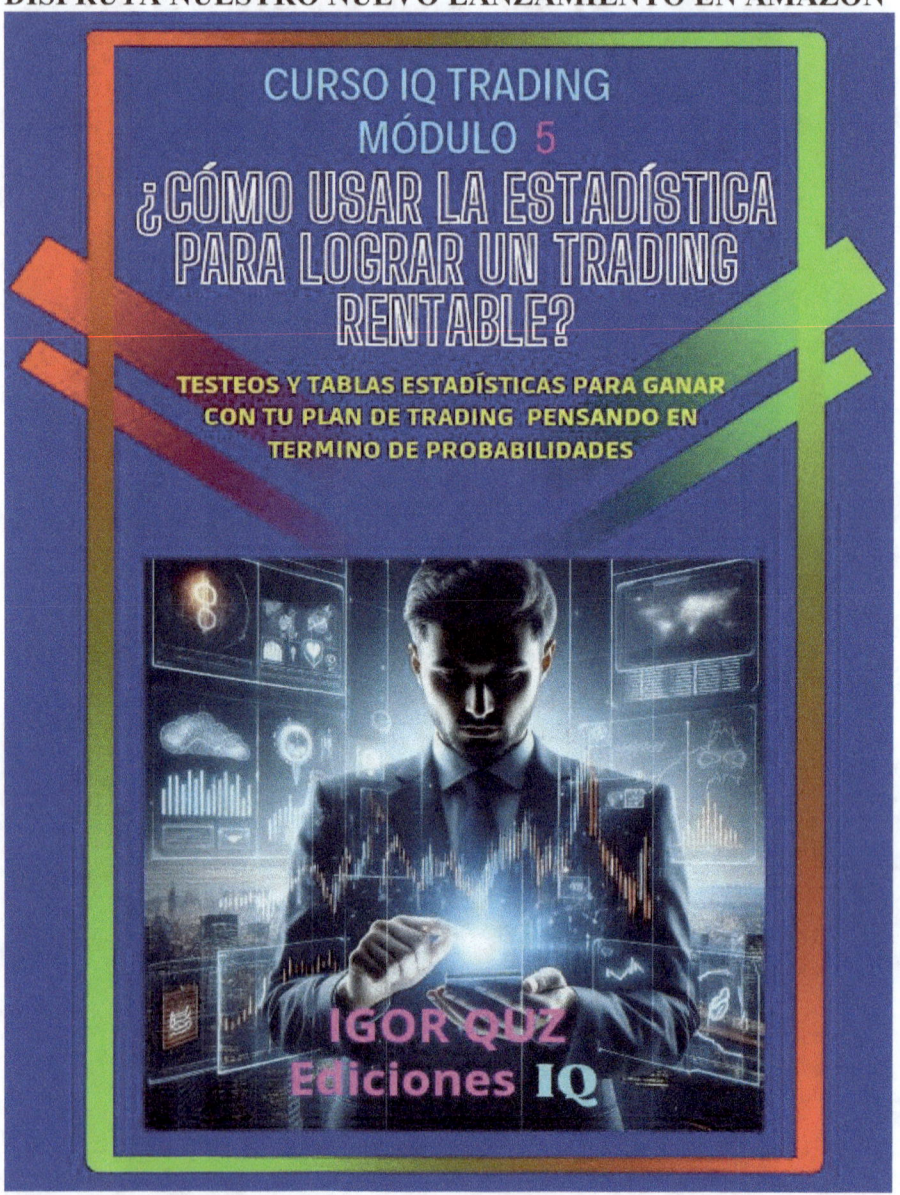

Amazon.com: ¿CÓMO USAR ESTADÍSTICA PARA LOGRAR UN TRADING RENTABLE?: TESTEOS Y TABLAS ESTADÍSTICAS PARA GANAR CON TU PLAN DE TRADING PENSANDO EN TERMINO DE PROBABILIDADES (CURSO IQ TRADING) (Spanish Edition) eBook : QUZ, IGOR: Tienda Kindle

CAPÍTULO 15: ESTRATEGIA RUTA 7-21

Fundamentación de la estrategia

La estrategia RUTA 7-21 busca identificar y aprovechar las tendencias del mercado mediante la combinación de medias móviles exponenciales (EMA) y el indicador SAR Parabólico.

Configuración de indicadores

Para tomar decisiones informadas en operaciones con velas de 30 segundos y un cierre predeterminado de 1 minuto, utilizamos tres indicadores clave:

1. **Medias Móviles Exponenciales (EMA):**
   - **EMA de corto plazo (AZUL):** 7 períodos.
   - **EMA de medio plazo (AMARILLA):** 21 períodos.
2. **SAR Parabólico (Aceleraciones 0,02, Aceleración máxima 0,2):**
   - **Confirmación de Tendencia:** Cuando el SAR Parabólico está por debajo del precio, indica una tendencia alcista. Cuando está por encima, sugiere una tendencia bajista.

Procedimiento operativo

Opciones Operativas:

- **Operar en Tendencia Alcista:**
    - La EMA de 7 periodos se desplaza hacia arriba, por encima de la EMA de 21 periodos. (Ambas Emas deben dirigirse claramente hacia arriba).
    - El SAR Parabólico debe estar por debajo del precio.
- **Operar en Tendencia Bajista:**
    - La EMA de 7 periodos se desplaza hacia abajo, por debajo de la EMA de 21 periodos. (Ambas Emas deben dirigirse claramente hacia abajo).
    - El SAR Parabólico debe estar por encima del precio.

Cierre Predeterminado:

- Todas las operaciones tienen un vencimiento de 1 minuto.

Gestión monetaria y consejos prácticos

- Utiliza un porcentaje del 1% al 2% del capital por operación.
- Descansa al menos 4 horas entre sesiones y evita operar más allá de este límite diario.

Guía paso a paso para aplicar la estrategia RUTA 7-21 en opciones binarias

La estrategia **RUTA 7-21** se centra en identificar y capitalizar tendencias del mercado mediante medias móviles exponenciales (EMA) y el indicador SAR Parabólico en operaciones de velas de

30 segundos con un cierre predeterminado de 1 minuto. Aquí tienes una guía detallada para aplicar esta estrategia:

Paso 1: Configuración de gráficos

- Abre tu plataforma de trading y selecciona el activo con el que deseas operar.
- Usa activos que paguen al menos 87% de beneficios.
- Configura el marco temporal del gráfico con velas japonesas de 30 segundos.

Paso 2: Añadir indicadores

- Agrega las medias móviles exponenciales (EMA) con los siguientes períodos:
    - EMA de corto plazo: 7 períodos (Color AZUL).
    - EMA de medio plazo: 21 períodos (Color AMARILLO).
- Añade el indicador SAR Parabólico al gráfico.

Paso 3: Identificación de tendencia

- Busca momentos en los que la EMA de 7 períodos se dirija hacia arriba de la EMA de 21 períodos, ambas EMAs deben dirigirse claramente arriba, para identificar una tendencia alcista.
- Busca momentos en los que la EMA de 7 períodos se dirija hacia abajo de la EMA de 21 períodos, ambas EMAs deben dirigirse claramente abajo, para identificar una tendencia bajista.
- Confirma la tendencia observando la posición del SAR Parabólico: por debajo del precio para una tendencia alcista, y por encima para una tendencia bajista.

Paso 4: Ejecución de operaciones

- **Operar en tendencia alcista:**
    - Abre una operación de compra (CALL) cuando la EMA de 7 períodos cruza y se dirige hacia arriba de la EMA de 21 períodos, y el SAR Parabólico está por debajo del precio. (Ambas Emas deben dirigirse claramente hacia arriba).
    - Asegúrate de que la operación tenga un vencimiento de 1 minuto.
- **Operar en Tendencia bajista:**
    - Abre una operación de venta (PUT) cuando la EMA de 7 períodos cruza y se dirige hacia abajo de la EMA de 21 períodos, y el SAR Parabólico está por encima del precio. (Ambas Emas deben dirigirse claramente hacia abajo).
    - Garantiza que la operación tenga un vencimiento de 1 minuto.

Paso 5: Gestión monetaria y práctica responsable

- Utiliza un porcentaje del 1% al 2% de tu capital por operación.
- Descansa al menos 4 horas entre sesiones para mantener la claridad mental.
- Establece límites diarios para evitar sobreoperar y preservar tu capital.

Recuerda practicar en una cuenta demo antes de operar con dinero real. La consistencia y la disciplina son clave para el éxito a largo plazo.

Conclusión

La estrategia **RUTA 7-21** combina información de medias móviles y el SAR Parabólico para anticipar la continuidad de la tendencia actual. Su aplicación se basa en un enfoque sistemático respaldado por indicadores técnicos, buscando maximizar ganancias y minimizar riesgos en un marco temporal de operaciones cortas.

"El trading sin estrategia es como navegar sin brújula. Con una estrategia, cada decisión se convierte en un paso calculado hacia el éxito."

ESTRATEGIA RUTA 7-21 ALCISTA EN FOTO

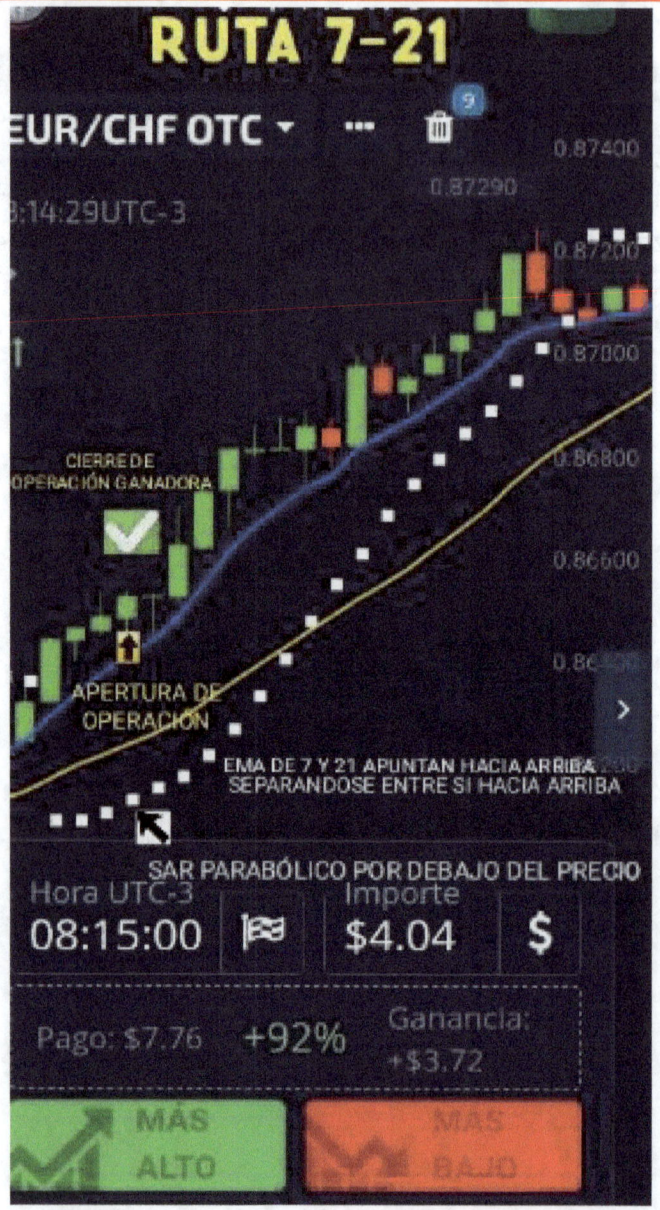

Aquí vemos como ambas EMAs se dirigen claramente hacia arriba con la EMA de 7 periodos por encima de la EMA de 21 periodos, el SAR parabólico confirma la operación ubicándose por debajo de las velas y la estrategia RUTA 7-21 ALCISTA resulta ganadora

ESTRATEGIA RUTA 7-21 BAJISTA EN FOTO

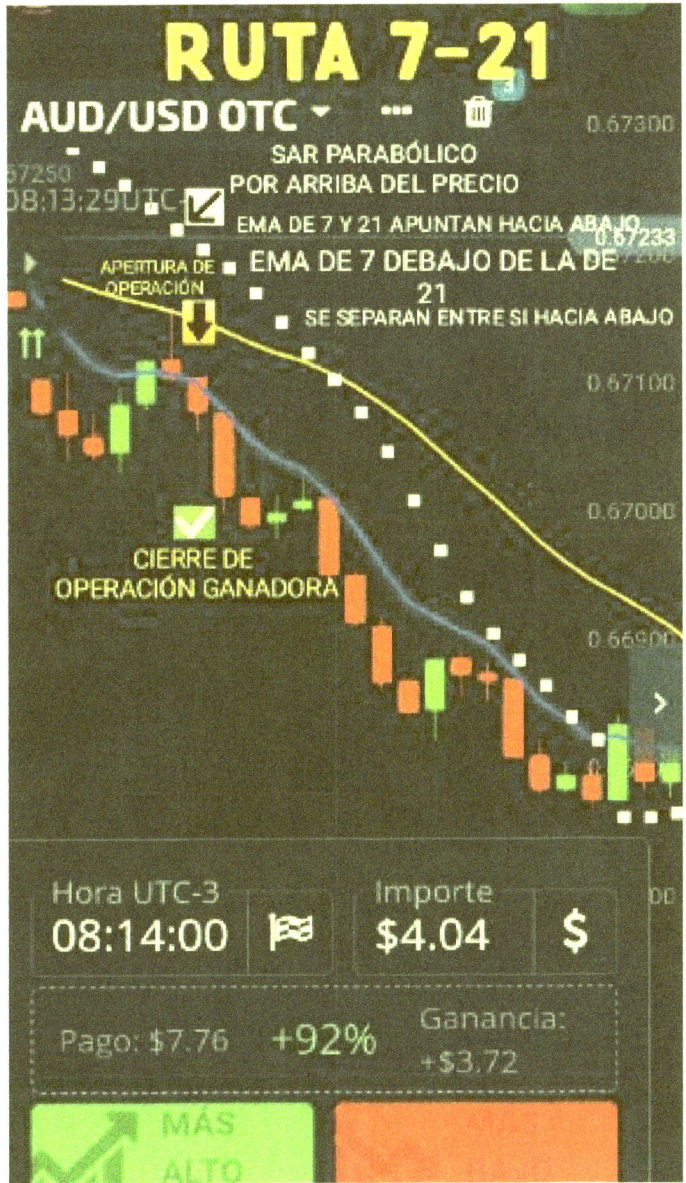

Aquí vemos como ambas EMAs se dirigen claramente hacia abajo con la EMA de 7 periodos por abajo de la EMA de 21 periodos, el SAR parabólico confirma la operación ubicándose por arriba de las velas y la estrategia RUTA 7-21 BAJISTA resulta ganadora

REALIZA TRADING DE FORMA PROFESIONAL CON EL DIARIO IQ TRADING TOTAL

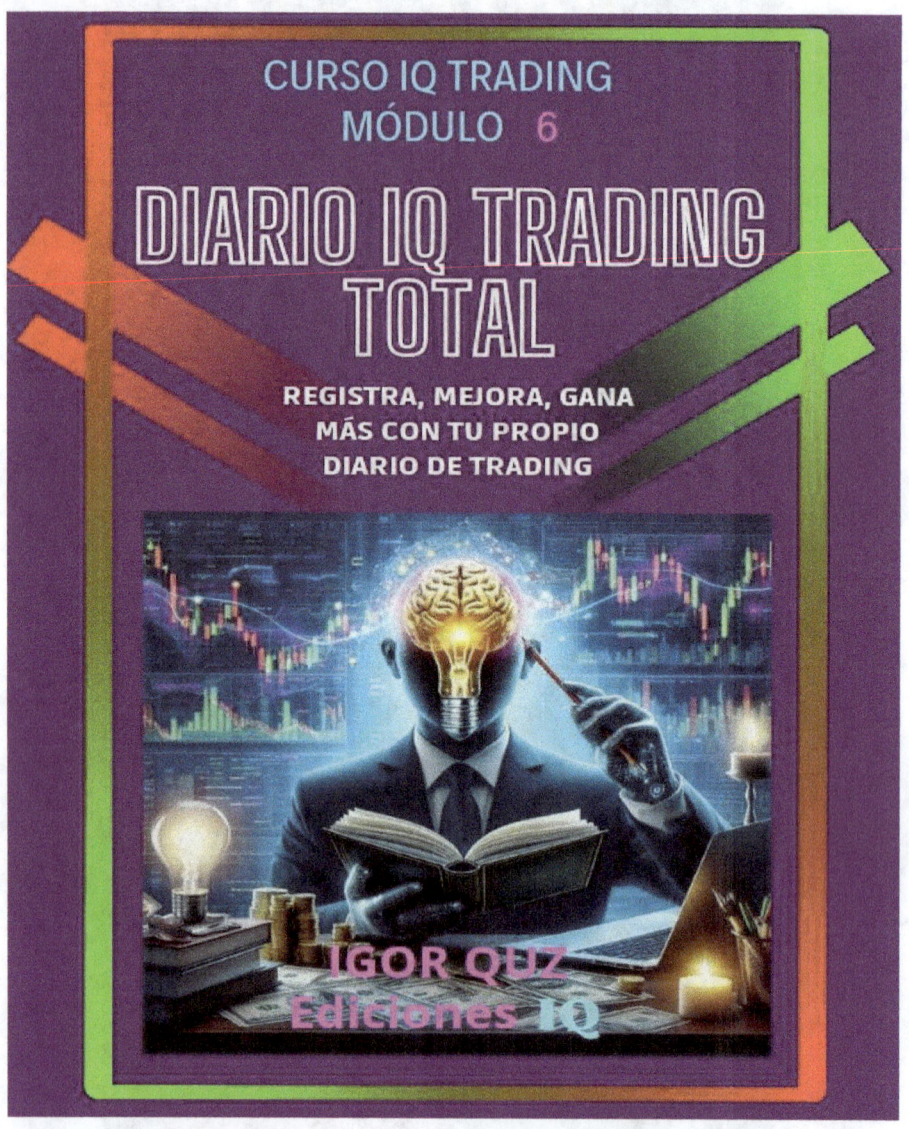

DIARIO IQ TRADING TOTAL: REGISTRA, MEJORA, GANA MÁS Y ALCANZA LA RENTABILIDAD CON TU PROPIO DIARIO DE TRADING (CURSO IQ TRADING) (Spanish Edition): QUZ, IGOR: 9798677569098: Amazon.com: Books

CAPÍTULO 16: EL ARTE DEL TRADING RENTABLE

Dominando las claves del éxito en el arte del trading de opciones binarias

Bienvenidos al capítulo final, donde vamos a sumergirnos en el emocionante mundo del trading rentable. Aquí desglosaremos las claves que conducen a un éxito duradero en las opciones binarias, aplicando estrategias efectivas y puntos esenciales para elevar nuestro trading a un nivel superior.

Desnudando la realidad del mercado

El mercado de opciones binarias es un entorno dinámico y cambiante. No se trata de un juego de certezas absolutas, sino de un terreno lleno de posibilidades. Un trader rentable no busca prever cada movimiento, sino entender la naturaleza cambiante del mercado y adaptarse con agilidad.

Maestría de estrategias ajustadas

Las estrategias compartidas no son simples reglas a seguir; son herramientas para esculpir nuestro camino hacia el éxito. La maestría del trader radica en entender estas estrategias y ajustarlas con precisión según las condiciones específicas del mercado. Adaptarse y ajustar son claves para mantenerse rentable.

Conexión emocional y mental

La disciplina emocional y la claridad mental son cruciales. Controlar tus emociones, entender los riesgos y tener una visión clara de tus objetivos te permitirá operar de manera más efectiva. La autoevaluación constante es fundamental para el crecimiento y la mejora continua.

Gestión del capital

El manejo adecuado del capital es vital para el éxito a largo plazo. Evita la martingala y ajusta el tamaño de tus operaciones según tu capital y las condiciones del mercado. Cada decisión financiera debe ser calculada y deliberada. Utiliza un porcentaje del 1% al 2% de tu capital por operación para mantener el riesgo bajo control.

Evaluación y adaptación

La evaluación continua de tus estrategias y tu desempeño personal es esencial. Aprende de cada experiencia, tanto de las ganancias como de las pérdidas, y ajusta tus tácticas en consecuencia. Esta evaluación constante te permitirá adaptarte y mejorar continuamente.

Responsabilidad Personal

La responsabilidad en cada decisión y operación es fundamental. Cada acción en el trading es un reflejo de tus decisiones. Asume la responsabilidad de tus resultados y trabaja constantemente para mejorar.

Claves para el éxito en el arte del trading de opciones binarias

1. **Realidad del Mercado**: Mantén presente que el mercado es dinámico. No existen certezas absolutas, solo probabilidades. Adaptarse es crucial.
2. **Estrategias Ajustadas**: Las estrategias deben ser flexibles y adaptables. Comprender el mercado y ajustar las estrategias con precisión es esencial para mantenerse rentable.
3. **Disciplina Emocional y Claridad Mental**: Controla tus emociones, comprende los riesgos y ten claros tus objetivos. La autoevaluación constante es clave para mejorar.
4. **Gestión del Capital**: Maneja tu capital de manera prudente. Evita la martingala y ajusta el tamaño de tus operaciones según las condiciones del mercado. Invierte entre el 1% y 2% de tu capital por operación.
5. **Evaluación y Adaptación**: Evalúa continuamente tus estrategias y desempeño personal. Aprende de cada experiencia y ajusta tus tácticas en consecuencia.
6. **Responsabilidad Personal**: Cada decisión y operación es tu responsabilidad. Trabaja constantemente para mejorar y asumir las consecuencias de tus acciones.

Reflexiones Finales

El arte del trading rentable en opciones binarias es una combinación de estrategia, disciplina emocional y gestión prudente del capital. Adaptarse al mercado, evaluar constantemente tus estrategias y asumir la responsabilidad de tus decisiones son las claves para lograr el éxito. Mantén siempre una actitud de aprendizaje y evolución constante, y estarás en el camino hacia un trading rentable y sostenido.

¡A seguir pintando nuestro camino al éxito en el fascinante mundo del trading de opciones binarias!

"El éxito en el trading no es una meta estática, sino un viaje de aprendizaje continuo y adaptación. En el arte del trading de opciones binarias, la verdadera maestría reside en la capacidad de ajustarse a un mercado cambiante, gestionar el capital con prudencia y mantener una disciplina emocional férrea. Con cada decisión informada y responsable, no solo esculpimos nuestro camino hacia el éxito, sino que también forjamos nuestro carácter como traders. Sigue aprendiendo, adaptándote y mejorando; tu crecimiento es ilimitado, así como las posibilidades de éxito."

DISFRUTA NUESTROS LANZAMIENTOS DISPONIBLES EN AMAZON:

CURSO IQ TRADING Módulo 1 ¿Cómo ganar en el trading de opciones binarias?: Guía definitiva para ser rentable antes de comenzar a operar en real (Spanish Edition): Quz, Igor: 9798673291566: Amazon.com: Books

Amazon.com: "OPCIONES BINARIAS MAESTRAS" 18 ESTRATEGIAS PROBABILÍSTICAS PARA TRIUNFAR: Optimiza tus inversiones, alcanza el éxito y multiplica tus beneficios con estrategias ... (CURSO IQ TRADING) (Spanish Edition) eBook : Quz, Igor: Tienda Kindle

Amazon.com: ¿CÓMO DISEÑAR UN PLAN DE TRADING RENTABLE?: GUÍA COMPLETA PASO A PASO PARA LOGRAR EL ÉXITO DEFINITIVO (Spanish Edition) eBook : QUZ, IGOR: Kindle Store

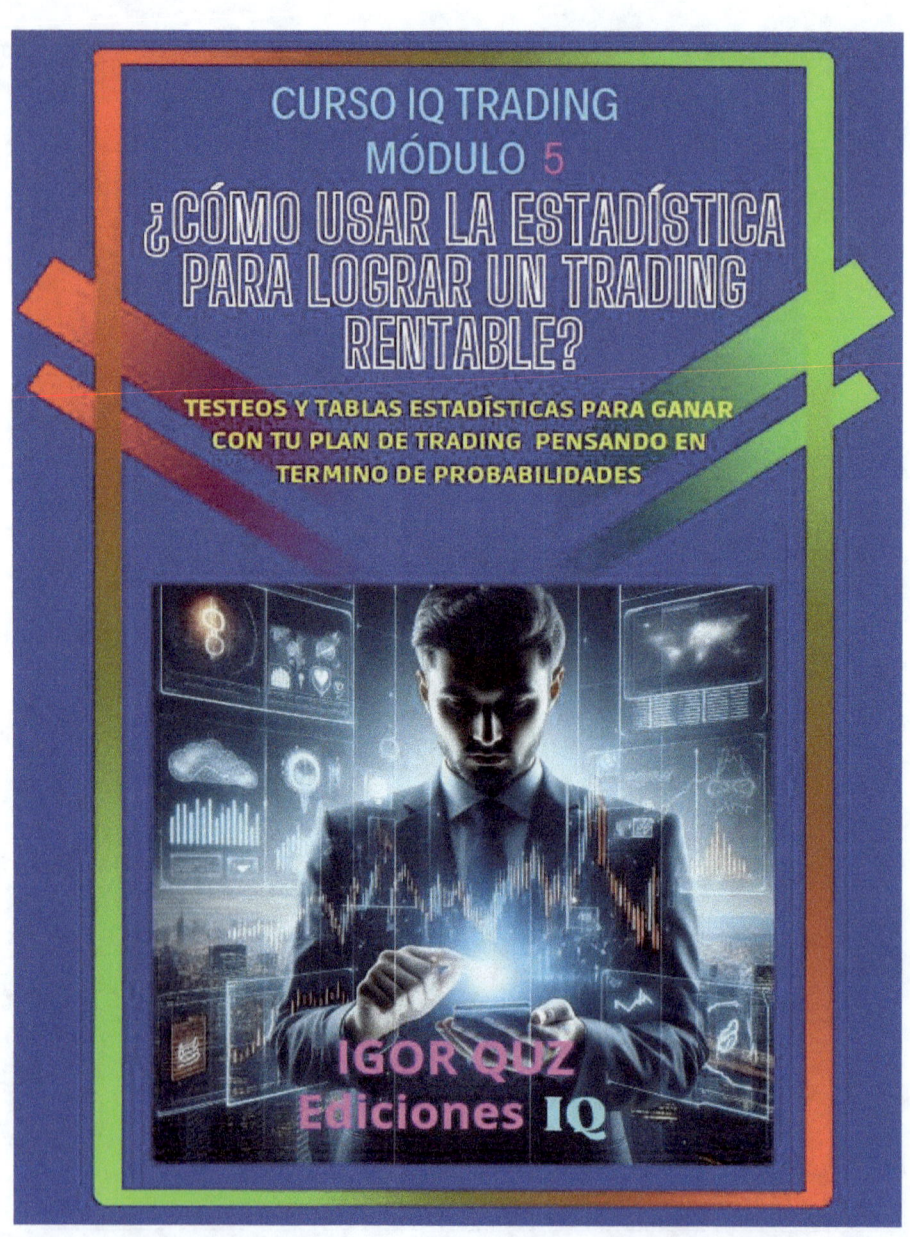

Amazon.com: ¿CÓMO USAR ESTADÍSTICA PARA LOGRAR UN TRADING RENTABLE?: TESTEOS Y TABLAS ESTADÍSTICAS PARA GANAR CON TU PLAN DE TRADING PENSANDO EN TERMINO DE PROBABILIDADES (CURSO IQ TRADING) (Spanish Edition) eBook : QUZ, IGOR: Tienda Kindle

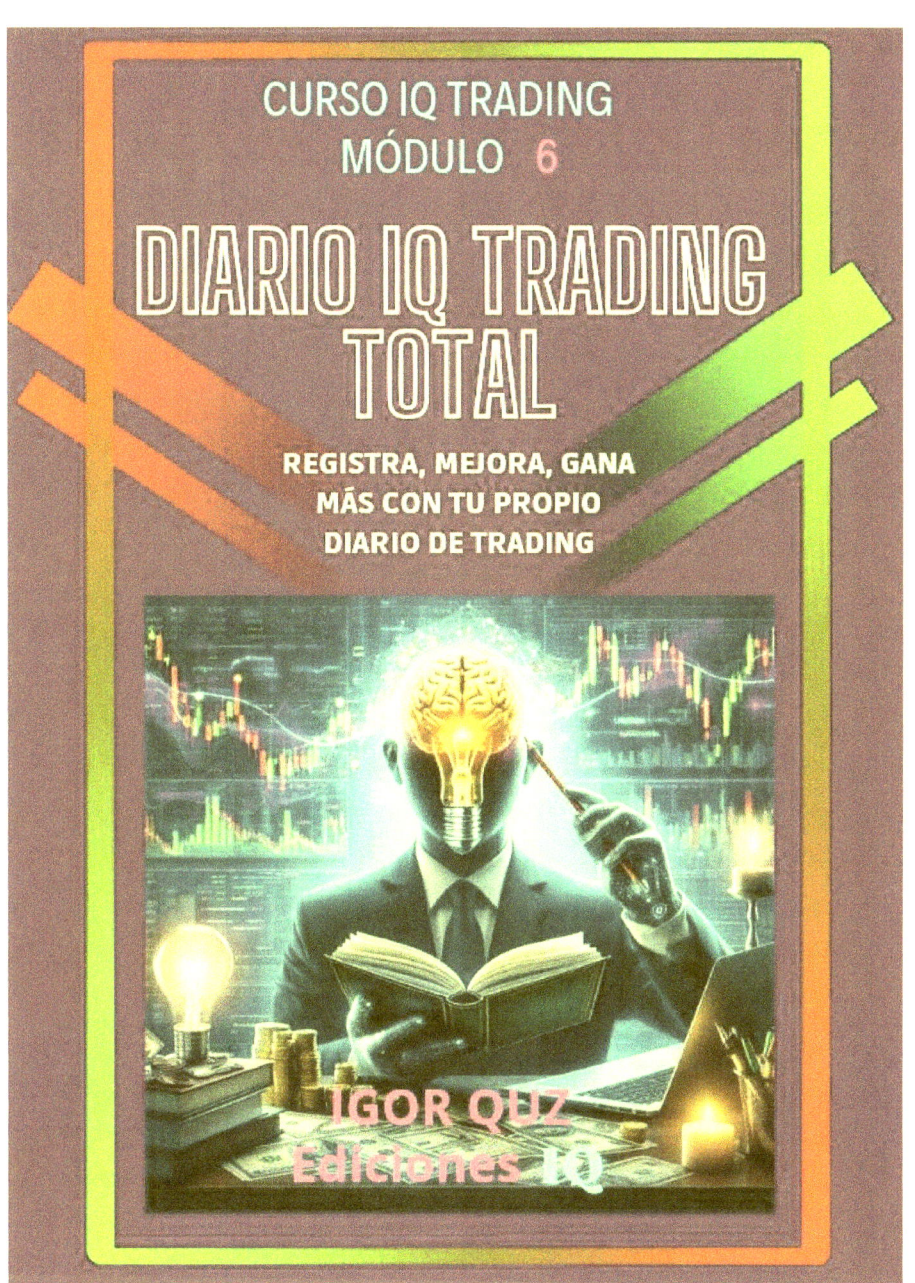

DIARIO IQ TRADING TOTAL: REGISTRA, MEJORA, GANA MÁS Y ALCANZA LA RENTABILIDAD CON TU PROPIO DIARIO DE TRADING (CURSO IQ TRADING) (Spanish Edition): QUZ, IGOR: 9798677569098: Amazon.com: Books

Saludos y te deseo un excelente trading lleno de éxitos y ganancias consistentes

Hasta el próximo lanzamiento editorial:

"TRIUNFA CON SEÑALES DE OPCIONES BINARIAS"

Estrategias comprobadas para multiplicar tus ganancias y maximizar tu éxito financiero

Igor Quz

edicionesiq@gmail.com

www.ingramcontent.com/pod-product-compliance
Lightning Source LLC
Chambersburg PA
CBHW071926210526
45479CB00002B/577